rat オペラ座ネズミ

portière 門番女

misère en habit noir「黒服の悲惨」

rentier ランチエ

femme de chambre 部屋付女中

pharmacien 薬剤師

まえがき

フランス文学に初めて接したとき、その実態がよく摑めない職業・身分がいくつかあることに気づいた。たとえば代訴人、復習教師、高級娼婦。これらは日本には存在しないため、たとえ説明されたとしてもイメージが摑みにくい。また、公証人、免許医、年金生活者、乳母といった職業は日本にも近似的な職業・身分が存在する(あるいは存在した)が、日本のそれとは微妙に違っているように感じた。ただ別にこれらの職業のことがわからなくても、ストーリー自体を追うことは可能で、違和感や疑問は宙づりにしたまま小説を読み進めることはできる。

普通の読者なら、これでいいかもしれない。しかし、フランス語の語学教師になって学生相手に『ペール・ゴリオ』や『レ・ミゼラブル』の訳読を試みる段になると、そうはいかなくなったのである。「代訴人と弁護士はどう違うんですか?」「高級娼婦というからには低級娼婦というものがあるんですか?」「ゴリオ爺さんは年金生活者って訳されていますけど、その年金っていうのは日本の自営業者の国民年金みたいなものなんですか?」

こういう質問を受けたとき、あるいはそうした種の質問を想定してテクストの予習を進めているとき、自分はフランスの社会について何も知らないし、またそれと深く関係している各種の職業にまったく無知であるとあらためて気づいた。そう、わかっているつもりになっていたが、その実、何一つ正確なことは知らなかったのである。

かくてはならじと職業について調べ始めたが、やがて一つの真実が明らかになった。あたりまえのことだが、職業は金銭と深く結びつき、社会そのものと密接な関係にあるという事実だ。つまり、人はどんな社会でも実入りのよい職業に就きたがり、いったんその職業に就いたら子供にあとを継がせたがるし、同時に他人の参入を防ごうとするから、必然的にギルド化が起こり、社会そのものと切っても切れない関係に入るということだ。

ここから、ある社会にどのような職業が存在しているのかを調べれば、その社会がどのように構造化されているかがわかるという確信が生まれた。

このような「職業を知れば社会がわかる」あるいは「職業を知らないと社会もわからない」という思いは、藤原書店が刊行した「バルザック《人間喜劇》セレクション」の第一回配本として『ペール・ゴリオ』の翻訳を一九九五年頃から始めたときにいよいよ明らかになった。はっきりいうと、職業の細部や金銭の出入りについて知らないとテクストの正確な解釈は不可能だし、訳文も明快にならないということなのである。

だが、幸いなことに、『ペール・ゴリオ』の翻訳を進めていたこの時期、私には強い味方があった。それは一九八四年から翌年にかけて在外研修でパリに滞在していたときに収集した古書の中に、『フランス人の自画像』『パリあるいは百と一の書』『パリの悪魔』『大都会、新タブロー・ド・パリ』といった一八三〇年代から一八四〇年代にかけて大流行した大部の風俗観察集が混じっていたことだった。これらの風俗観察集は職業・身分を社会の解読格子と見なし、職業的秘密を読者のために開示することで社会の構造を示すという態度で書かれている。翻訳を進めるために不可欠な知識を仕込むのにこれ以上に便利なものはなかった。

だが、それでもわからないことがあった。代訴人や公証人、あるいは免許医になるにはどのような資格があればいいのか、また、どのくらいの研修・見習い期間が必要なのか、あるいは収入はどの程度なのかといった細部がいまひとつ明らかではなかったのである。

しかし、この問題も『実用生活事典』という古書のおかげでほぼ解決がついた。つまり、職業の細部についての具体的な数字がこの事典にはしっかりと記されていたのである。入手したときには、こんな本が役に立つのかなあと思ったが、手に入れておいて本当によかった。これだけ有用な本はまたとなかったからである。

そんなとき、タイミングよく白水社の雑誌『ふらんす』から連載のオファーがあったので、翻訳中の「調べる情熱」をそのまま研究的エッセーに振り向けることができた。翻訳的な好奇心がエッセー的好奇心へと横滑りしたのである。この意味で、本書はまことに幸福な書物であるといわざるをえない。

それかあらぬか、文体もかなり上機嫌である。

この上機嫌さは同時に「自分はいま絶対に人の役に立つ本を書いているぞ」という確信からも来ている。自分のための努力が「世のため、人のため」にもなるというのが理想であるからだ。

もの書きというのは本来的にエゴイストで、自分のためにしか書かないと思われているが、実際にはこうした利他性によって鼓舞されない限り、筆は先には進まないものなのである。

職業別パリ風俗＊目次

1　グリゼット（お針子）の恋の行方

世の中には不思議な言葉がある。たとえば、「女子高生」である。この言葉がマスコミなどで踊るとき、そこには、「高校に通う女子生徒」などという辞書的な定義を越えた、ある種のファンタスムが会話参加者のあいだで共有されている。つまり、建前的には純潔であるはずの思春期の乙女が「援助交際」などという破廉恥な行為に及ぶという現実を想像の中に取りこんで、みな、多少ともエロティックなイメージをこの言葉に付与しているのである。いいかえれば、それはすでにニュートラルな意味としては使えない神話的な単語となっている。

こうしたニュアンスを持つ言葉は、一時代前は「女子大生」だった。さらにその前は「BG」で、昭和の初めだと「デパート・ガール」、大正時代なら「娘義太夫」か。

では、もっと時代をさかのぼって、いっそ、近代の始まりである十九世紀前半のフランスまで行くとしたら、いったいどんな言葉がこれに相当していたのだろうか？　いうまでもなく、「グリゼットgrisette」である。

*

まずは、一八四〇年から四二年にかけてキュルメール書店から出版された『フランス人の自画像』という百科事典風の十九世紀風俗観察集を開いて、このグリゼットの項目を引いてみよう。すると、グリゼットとは、十八世紀に民衆の娘たちが着ていた粗末な灰色の毛織物がグリゼットとよばれていたことに由来する名詞で、転じて、みずからの手で働いて給料をもらわなければならないお針子や裁縫女工、帽子女工のことを指すようになったとある。しかし、この項の担当者であるジュール・ジャナンが「すべてのパリの産物の中で、もっともパリ的なのは、疑いもなく、このグリゼットである」と書き出していることからもあきらかなように、グリゼットという言葉が男たちの会話にのぼるときには、必然的に、定義以上の「何か」が付きまとっていた。試しに、小説の中から二、三、例を拾ってみよう。

「レオン君は、法律の勉強のあいまには《ラ・ショミエール》へもそうとうに精勤し、浮気《グリ》な女工《ゼット》さんたちからやいのやいのと騒がれもした」（フロベール『ボヴァリー夫人』山田𣝣訳、中央公論社）

「翌日、偶然にも二人は通りでばったり顔を合せた。女は家に帰るところで、一人の青年といっしょだった。それはフレデリックの知らぬ顔で、学生たちの間ではついぞ見かけた覚えがなかった。女は、いっぱし帽子をかぶってはいたが、その物腰や作りから推して、パリのいわゆるお針子《グリゼット》であるに相違ないと、彼はにらんだ。連れは年格好から見ておそらく兄または愛人にほかなるまい、それもどちらかというと兄よりは愛人のほうだろう」（ミュッセ『フレデリックとベルヌレット』朝比奈誼訳、筑

グリゼット

摩書房）

ようするに、グリゼットというのは、お針子や女工といった職業身分をあらわす名詞というよりも、十九世紀の前半のロマン主義の時代にパリに上った学生たちにとって、お手軽なセックスの相手となってくれる可能性を秘めた若い娘という意味あいで使われていたのである。当時、グリゼットという言葉が出ると、今日、「女子高生」や「女子大生」という言葉に対するのと同じようなリアクションを男たちは示したのである。『ボヴァリー夫人』の訳者が「浮気な」という余計な形容詞を添えているのはこのニュアンスを踏まえてのことだろう。

しかし、少しでも考えてみればすぐにわかるように、職業としてのお針子や女工は、被服産業が成立した時点からすでにあったはずで、なにも十九世紀の前半にいきなり出現したわけではない。現実のグリゼットは十八世紀にも、十七世紀にも存在していたのだ。ただ、神話がなかっただけである。これまた、「女子高生」や「女子大生」の場合と同じである。

では、グリゼットの神話はどのようにして形成されたのか？　ひとつは、時代の影響、もうひとつは、神話に加わる人間の数量的な増加である。

＊

一八一五年の第二次王政復古とともに、若者のあこがれの職業は軍人ではなくなる。一八〇〇年前後に生まれた男の子たちは、ものごころついてからずっと第二のナポレオンたらんとして成長してきたが、せっかく軍隊に志願できるような齢になったとたん、ナポレオンの軍隊がなくなってしまったのである。彼らは決定的に「遅れて」来たのだ。

では、遅れて来た青年たる彼らに残された道はなにかといえば、とりあえず、平和な時代に強い行政官、司法官、弁護士といった職業に就くか、あるいは医者として身を立てることである。そのためには大学で学位を得なくてはならない。

かくして、一八二〇年前後から、大学都市であるパリの下宿屋や安ホテルは、地方からやってきた大学生で満杯の状態になる。大学生という存在は昔からあったはずだが、これほどに目立ったことは、カルチエ・ラタン始まって以来のことである。ようするに、この時期、大学生が、一つの社会現象と化したのである。

なかでも圧倒的に多かったのが、法学部の学生である。彼らがコレージュを出てバカロレアに受かったとき、両親は息子の将来を考えてこういう。

「法律をやらなければならない。法律こそ教育を完全にするために不可欠なものだ。弁護士の肩書はすべてに通じる」(『フランス人の自画像』所収、エミール・ド・ラ・ベドリエール「法学部大学生」)

だが、こうして地方から送り出されてきた良家の子弟の全員が、一心不乱に法律の勉強に励むわけではない。大学への登録を済ませ、教授を選び、何回か授業に出席したあと、何か足りないと感じる学生もでてくる。

「まだ、ほかに足りないものがあるのか? 女である。人生の苦労をわかちあってくれて、ブーツを磨いてくれる伴侶が欠けているのだ」(同書)

幸い、親切な同郷の先輩がいて、テレマコスを導くメントルよろしく、後輩をダンス場の「モンテスキュー」に連れていってくれる。学生は、そこでさっそく、自分好みのグリゼットを見つけだす。グリゼットは、いきなり住所を教えたりする軽率な振る舞いは控えるが、そのうち、作業場への行き帰りに、ドフィーヌ通りの歩道の上で待ち伏せしている学生の姿を認め、その純情にほだされて、次の日曜日にモンパルナスのダンス場グランド・ショミエールに行くことを約束してしまう。

この場合、攻める学生と守るグリゼットの力関係において、圧倒的にグリゼットが不利である。なぜなら、グリゼットは、自立してパリの屋根裏部屋で一人暮らしをしているからだ。この時代、ブルジョワ階級と民衆階級を区別する指標はいたって簡単なものだった。家族の中で男だけが働いて女が働いていなければブルジョワ階級、男も女も働いていれば、民衆階級だった。若い娘とて例外ではなく、民衆階級の娘は一定の年齢に達すれば、家計の負担を減らすために、両親の家を出て、働くことを強いられた。アンシャン・レジームには、こうした階層の娘たちの就職先としてはお屋敷の女中ぐらいしかなかったが、十九世紀に入ると、ようやくフランスでも始まりつつあった産業革命の影響で、被服産業、とりわけ縫製関係における求人が飛躍的に増加し、未婚の娘たちが住み込みでなくアパルトマンで自活できる道が開けていたのである。王政復古から七月王政にかけての時代は、働く女性の自立元年でもあったのだ。

だが、学生たちの蝟集するパリの空の下で彼女たちが一人暮らしを続けていればその事実だけで、若い学生たちの欲望は激しく刺激されることになる。おまけに、彼女たちは、学生たちよりも下の階級の娘である。万一の事態に至っても責任を取らされるおそれはほとんどない。いつの時代でも、まことに遺憾ながら、男の欲望の蓋をはずすのは、この階級意識なのである。いっぽう、いかにも乙女らしく小ぎれいに飾ったグリゼットたちの屋根裏部屋に飢えた狼のような学生が侵入してくるのを防ぐものとては、ただ彼女たちの意志の固さしかなかった！　たしかに、グリゼットは、ジュール・ジャナンがいうように、元来真面目で、ふしだらな怠け者などでは決してないが、意志だけの防御では学生の攻撃に対していかんともしがたい。落城は時間の問題である。

かくして、学生とグリゼットというロマン主義時代の定番カップルがカルチエ・ラタンの屋根裏部屋に続々と誕生し、「グリゼット＝気軽に学生の欲望を満たしてくれる気のいい娘」という神話が成立する。そして、いったん神話ができあがると、次から次へとパリにやってくる学生たちは、容易にこの神話に身を委ねて、甘い果実だけを享受しようとする。その結果、ミュッセのグリゼット物語の代表作『ミミ・パンソン』で、プレイボーイのマルセル描くところの次のような事態が生まれる。

「天気のいい日曜日に気をつけて見てごらん。喫茶店や遊歩道や飲み屋は仲むつまじい二人連れでいっぱいだから！　はちきれんばかりにお針子を満載して、ラヌラーかベルヴィルに向かうあの大きな乗合馬車のことを考えてみたまえ！　休日ごとにサン＝ジャック街から繰り出す人数がどれだけいるか数えてみたまえ。帽子屋のお針子の大部隊、下着屋のお針子の大軍、煙草売り子の群れ。皆おたのしみなんだよ。皆それぞれに恋人があるんだよ。田園の青葉棚の下に寝そべろうとして、雀の群れがとびたつように皆パリの郊外へ出かけていくんだよ。雨が降った日には、連中はメロドラマを見に行き、オレンジを食べては涙を流す。なにぶん、連中は食べることも食べるが、いたって涙もろいからね。それだけ人がいい証拠さ」（ミュッセ『ミミ・パンソン』朝比奈誼訳、筑摩書房）

しかし、当たり前だが、蜜月は長くは続かない。いったん男女の関係ができあがってしまうと、学生の態度はすぐに変化する。

「学生は、もはや女中としてしか彼女を扱わない。お使いをいいつけたりタバコやブランデーやハムを買いにやったりする。友達を招くときには、彼女がコトレットを料理し、食卓の準備をし、座を切り盛りする」（ラ・ベドリエール、前掲書）

フロベールの『感情教育』には、ここにある通り、金モール刺繍のお針子をセックスと食事の賄い婦にしていい気になっている法科の学生のデローリエの姿が描かれている。

「［デローリエは、］娘に甘い顔も見せずにトルコの高官然とふんぞりかえってご機嫌をとらせ、冗談半分に相手を「賤の女」と呼んだ。娘は毎回欠かさず小さな菫の花束をもって来た」（フロベール『感情教育』山田𣝣訳、中央公論社）

だが、こうなればなったで、学生は、恩知らずにも、自由が恋しくなる。そこで、グリゼットに難癖をつけてイビり出そうとする不埒な輩も現われる。だが、心配は御無用。学生の友人か後輩が、そのグリゼットを譲りうけるからだ。

「こうして、不幸な娘は、まるで約束手形か、質札のように、学生の手から手へと渡され、そのあげく、年をとって容色が衰え、いつのまにやら淪落の淵へと沈んでしまっているのである」（ラ・ベ

ドリエール、前掲書）

年を取って器量が落ちぬまでも、もし子供ができたりしたら、それで学生とグリゼットの仲は一巻の終わりである。『レ・ミゼラブル』の怠け者の老学生トロミエスは、突然、置き手紙をして、故郷へ帰ってしまったため、愛人であるグリゼットのファンチーヌは、生まれたばかりの娘と二人、パリの屋根裏部屋に取り残される。

子供ができなくても、無理を重ねて病気になれば、プッチーニの『ラ・ボエーム』（原作はミュルジェールの『ボヘミアン生活情景』）のミミのように、施療院での孤独な死が待っていることはいうまでもない。

ところで、『ラ・ボエーム』が出たついでに言っておけば、グリゼットを現地妻にしているのは、法科の学生ばかりとは限らない。同じくカルチエ・ラタンの屋根裏部屋で暮らす貧乏詩人、画学生、作曲家の卵なども同じようにグリゼットの愛人をもって

いる。

一例をあげれば、『フランス人の自画像』の「グリゼット」と「法学部大学生」の両方の挿絵を担当しているガヴァルニなどは、いったい何人のグリゼットをたらし込んだかわからない千人切りプレイボーイの典型で、グリゼット神話の大部分は、彼が自らの体験を元に『シャリヴァリ』に連載したカルチエ・ラタン生活情景連作から生まれたと断言してもいいほどである。ガヴァルニは、可愛いグリゼットを見つけると、モデルにしてやるという口実でアトリエに引っ張りこみ、そのまま愛人にしてモデル代を浮かすと同時に、彼女たちの体験を聞き出して、これを画題にしていた。

なかでも、ガヴァルニが好んで描いたのが、ミュザールが指揮を取るオペラ座の仮装舞踏会である。荷揚げ人夫の格好をして黒マスクをつけたグリゼットと学生がカーニヴァルのマルディ・グラの日に集団で踊り興じるガヴァルニの絵は、どんな学生にもポンチ酒一杯で簡単に身を任せるグリゼットという神話作りに貢献することまことに大であった。というのも、後続の世代の若者たちは、現実よりもこのガヴァルニのイラストのバーチャルなリアリティのほうを信じたからだ。

とりわけ、一八二〇年前後に生まれ、一八三〇年代後半から四〇年代前半にかけてパリで学生生活を送ったロマン派第二世代、すなわち、ボードレール、フロベール、シャンフルーリ、ミュルジェールなどの若者は、こうしたガヴァルニの挿絵の載った『シャリヴァリ』を読んで育ち、シャンソン詩人ベランジェのグリゼット賛歌を口ずさみながら、『フランス人の自画像』と同趣向の『パリの悪魔』（エッツェル書店、一八四五－四六年）に収められたミュッセの短編『ミミ・パンソン』を愛読書にして幻想を育んだ世代だったために、パリにやってきたときには、すでにしてグリゼット神話に絡めとられていた。

こうした神話体験から生まれたのが、ほかならぬミュルジェールの『ボヘミアン生活情景』である。ボードレールの『ラ・ファンファルロ』とフロベールの『感情教育』もその変形と言える。プッチーニの『ラ・ボエーム』はこの神話の世紀末的再生である。しかし、もはや、『ラ・ボエーム』においては、グリゼットのファンタスムが一人歩きして、現実のグリゼットの実態とは完全に乖離してしまっている。

ただし、ミュルジェールもプッチーニも、ミミやミュゼットといったグリゼットの描写を借りるために、ガヴァルニの絵を丹念に参照したので、こちらの方面ではリアリズムは案外正確に伝えられたようである。

風俗観察ものの挿絵を介しての神話の形成とその伝承、このあたりを軸にして、十九世紀前半の職業や人物典型について見てゆくことにしたい。

2　末は弁護士か代訴人か

グリゼットを愛人にしてカルチエ・ラタンの下宿で自由気ままなボヘミアン生活を送っていた法科大学の学生たちも、リサンス（学士号）修得の第三学年ともなると、自分の身の振り方を考えざるをえなくなる。

ところで、民間企業というものがほとんど存在しなかった十九世紀のフランスで法科の学生が取りえた進路といえば、法曹界か行政職の二者択一ということになったが、行政職、つまり役人の世界は出世が情実に支配されることが少なくなかったので、法曹界を希望する学生のほうが多かったようだ。

法曹界といえば、日本では難しい司法試験があって、まずこれに合格したのち、司法研修所での研修を終えてから、裁判官、検事、弁護士と、それぞれ別の道を選択することになっているが、当時のフランスは、これとは制度が多少ちがっていたらしい。『ペール・ゴリオ』には、野心に燃えた法科大学生ラスティニャックに悪党ヴォートランが、法科の学生が地道に出世した場合の未来図を描いて見せる場面があるので、これを参考にしてみよう。

「最初は弁護士になり、次に重罪裁判所の裁判長に転じて、ほんとうはおれたちよりも価値があるかも知れんかわいそうな奴らの肩にT・F（徒刑囚）と焼きゴテをつけて徒刑場に送り出す。それも、ただ、金持ちが安心して眠れるようにするためだ。これは寝覚めがよくないし、おまけに出世に時間がかかる。まず二年間パリで研修する必要があるが、その間、君の大好きな御馳走を前にしながら、見るだけで手も出せないままでいる。欲望しながら、いつまでもそれを満たすことができないっては、どうして、かったるいもんだ。〔…〕じゃあ、反対に、君が品行方正を貫いて、ミルクを飲み、辛い運命の哀歌でも奏でていたとしよう。君は、高潔な人間だから、犬でも発狂しかねないほどの退屈と貧困によく耐えて、ようやく穴みたいな田舎町でどこかの馬の骨の代理役として副検事の職を得る。政府は、肉屋の犬にスープでもやるように、君に年収一〇〇〇フランの俸給を投げてよこす。そのかわりに、君は泥棒に吠え、金持ちの肩を持ち、勇気のある連中をギロチンにかける。まったく、ご苦労様だ。もし君に後ろ盾がないときには、田舎町の裁判所で朽ち果てることになる。それでもまだ法服を脱ぎ捨てないとすれば、三十歳で、年に一二〇〇フランの判事になる。四十に手の届くころに、六〇〇〇リーヴルくらいの公債利子の持参金のある、金持ちの粉屋の娘と結婚する。ありがたいこった。運よく後ろ楯が見つかれば、三十で年収一〇〇〇エキュ（三〇〇〇フラン）の初審判事になり、どこかの市長の娘と結婚することもある」（バルザック『ペール・ゴリオ』拙訳、藤原書店）

このヴォートランの話から総合すると、日本のように司法研修所で一斉研修したあとに進路を決めるのではなく、判事になるものも検事になるものも、また弁護士になるものも、とりあえずは、弁護

弁護士

士見習いになるところから始めたようだ。つまり、判事や検事といった、お上から俸給を押しいただく司法公務員になるのにも、弁護士見習いとして研修を積むことが必要だったらしい。ちなみに、一八六二年版の『実用生活事典』で、「判事」の項目を引くと、次のように出ている。

「初審裁判所の判事ないしは陪審判事となるには、二十五歳以上であること、法学士の学位を有していることのほか、特例を除き、帝国のいずれかの裁判所で宣誓を行なったのちに二年間、法廷で弁護士研修を積んだ経験が必要となる。二十五歳以上であることの証明は出生証明書によって、法学士の学位は学士免状によって、法廷での弁護士研修は、研修が行なわれた当該地区の弁護士会発行の証明書によって、それぞれ証明されることとする」

「検事 procureur」の項目にもほぼ同じことが出ている。これと、ヴォートランの「最初は弁護士になり、次に重罪裁判所の裁判官に転じて、[…] まず二年間パリで研修する必要があるが」という言葉を突き合わせてみると、やはり、判事や検事となるにも、二年間は法廷で弁護士の実地研修を積む必要があったことがわかる。その上で、法務大臣の審査によって資格ありと認められた場合に、任官することができたのである。

しかしながら、ヴォートランもいっているように、判事や検事は下っ端のときには平役人並に俸給が低いし、出世にも時間がかかる。ならばいっそ弁護士のままでいたほうがいいという発想が出てくる。ヴォートランはこちらの可能性についてもちゃんと語っている。

「こんな商売はいやだっていうんなら、ほかの職業も見てみよう。ラスティニャック男爵殿は弁護士がご希望かね？　いいだろう。それにはまず、十年間食うや食わずの生活をしながら、いっぽうでは毎月一〇〇フランも浪費し、立派な書庫と事務室まで設けてなければならない。それから社交界に顔を出し、訴訟を回してもらうために代訴人の部屋着の裾にキスして、裁判所の床を舌でなめなきゃならん。それでも、この職業で成功するっていうのなら、おれもとやかくはいわん。だがな、パリで、五十歳で年間五万フラン稼いでいる弁護士が五人いたら、ぜひともお目にかかりたいもんだ」(前掲書)

ようするに、弁護士なら、腕次第でてっとり早く出世することもできなくはないが、だれにでもその可能性があるわけではないということだ。それに、五十になっても、年収五万フラン（約五〇〇〇万円）の弁護士はパリに五人とはいないというのだから、これもまた案外厳しい道のようである。では、十九世紀のフランスにおいては、弁護士というのは、今の日本のほどには儲からない職業だったのか？

じつは、その通りだったのである。というのも、フランスでは、「弁護士 avocat」という職業は、一九七二年まで、日本の弁護士の職域の半分、つまり法廷での弁論しかできないようになっていたからである。刑事や民事の裁判で、当事者に成り代わって弁論を行なう人間、ようするにもっぱら法廷での喋りの部分だけを引き受ける人、これが弁護士である。

では、日本の弁護士の職域の残り半分、すなわち訴訟手続きはだれが担当していたかといえば、こちらは、「代訴人 avoué」が受け持っていた。

代訴人。この言葉は、バルザックの小説、たとえば映画化された『シャベール大佐』などを手に取ったことのある方なら、だれでも一度ぐらいはお目にかかったことがあるだろう。だが、なんとなく理解はしていても、それが弁護士とはどこがどうちがうのか知っている人はそれほど多くはない。かくいう私もその一人だった。そのため、代訴人というのは、弁護士よりも下級の職業、いってみれば、専門医に対する一般医のようなものではないかと漠然と考えていたのだが、調べてみると、そうではないらしいということがわかってきた。それどころか、フランスでは代訴人のほうが、弁護士よりも重要な職業なのではないかと思えてきたのである。なぜなら、弁護士は、法学士の学位を取って三年の弁護士研修（判事や検事よりも一年長い）を終え、弁護士会に登録しさえすれば、だれでも開業できるが、代訴人になるにはかなりの資本が必要であるからだ。おまけに事務所を構えるのに弁護士よりも時間がかかる。しかも、弁護士とちがって、代訴人には人数制限（フランスで約一〇〇〇人）があるので、代訴人の株を譲り受けて、ちゃんとした代訴人事務所 étude を設けなければならない。これはどうみても、弁護士よりも手間暇を要する職業だ。事実、十九世紀には、代訴人のほうが弁護士などよりも、社会的にはるかに重んじられていたばかりか、実入りも多かった。

では、代訴人になるにはどうしたらいいのかというと、『実用生活事典』によれば、必ずしも、法学士の学位を必要としない。法律学校に一年在籍し、特別な試験のあとに能力証明書 certificat de capacité を得るだけでよい。法学バカロレア資格をもってこれに代えることも可能である。ただし、パリ地区においては、代訴人組合の規定で、法学士の学位が必要とされる。いずれにしても、代訴人となるには、それほど高い学歴は要求されないということのようだ。

代訴人に必要なのはむしろ、実地の研修、代訴人事務所における研修である。能力証明書だけの場合は五年、学位のある場合は三年、ただし、パリでは学位持ちでも五年の研修期間が要る。なお、弁護士と代訴人は両立できない決まりになっていたので、弁護士をやりながら、代訴人の研修をすることはできない。

ところで、この研修期間のうち、最初の二年間は、代訴人事務所で、第四書記 clerc として訴訟書類の写しを作ったりサインの必要な文書の複製をしたりして、訴訟に必要な言い回しや言葉に慣れることに費やされる。このマニュアル・ワークを経たのち、順調にいけば、次の二年間に、第三書記、第二書記と地位をあがってゆく。そして、五年目にしてようやく筆頭書記となることができる。ここまで来て、年齢が二十五歳を越えていれば、代訴人の株を買って開業する資格を得るのであるが、実際には、それほど順調にことは運ばない。職業株の常として、おいそれと好都合な物件が出るわけではないし、譲渡価格で折り合いがつかない場合もあるからだ。

そのため、『フランス人の自画像』の「代訴人」の項を書いているアルタロッシュによれば、代訴人は一番若いものでも二十八歳にはなっているという。バルザックのように、十七歳か十八歳でバカロレアを取って、法科大学に登録するかたわら、代訴人事務所に書記として入った場合には、独立するまで最低十年はかかる計算になる。弁護士に比べれば、かなり長い下積みといわなければならない。バカロレアも取らずに、十三、四で、saute-ruisseau（どぶを飛びこえる人）と呼ばれる使い走りの書記

代訴人

から始めた場合には、奉公期間はもっと長くなる。忍耐心がなによりも必要なわけである。
しかし、それでも、なんとか筆頭書記にまで上りつめ、いよいよ、代訴人の株を買うまでこぎつけたとしよう。で、いったい、その株はいくらかかるのか？『実用生活事典』に従うなら、初審裁判所だと、産業や商業関係の訴訟が多いので、代訴人の株は、平均二五万フランから四〇万フランで売買されているという。現在の貨幣価値に換算すると、なんと二億五千万円から四億円である。バルザックの時代にはこれよりは多少安かったかもしれないが、それほど大きくは変わっていないはずである。いずれにしろ、大変な額といわざるをえない。一介の書記に、こんな大金が用意できるのか？よほど実家が金持ちでないかぎり、できるわけがない。では、どうするのか？ひとつの方法は人に借りることである。バルザックの《人間喜劇》の最多登場人物である代訴人デルヴィルも若き日にこうした問題に直面した一人だった。デルヴィルは、勤め先の代訴人事務所の所長が引退するので事務所を格安の値段で譲るという話を聞き、千載一遇のチャンス到来と判断、知り合いの高利貸ゴプセックに借り入れを頼んでみることにする。
「私の主人の代訴人事務所は年に二万フランの収益があります。もしこれが私の手に入れば年四万フランの収益は確実です。所長は五万エキュ（十五万フラン）で売ると言っています。［…］もしあなたが必要な額を貸してくださるなら、十年で返済できるでしょう」（バルザック『ゴプセック』拙訳）
この申し出にゴプセックは「よくぞ言った」と答え、人よりも安い年一割三分の利息で貸すことに同意する。

　しかし、誰もがデルヴィルのような幸運に出会うとは限らない。そんなときにはどうするのか？　とりあえず、相手に手付金を渡した上で、支払いを猶予してもらうのである。この手付金が平均八〇〇〇フラン（八〇〇万円）である。これぐらいなら用意できないことはない。だが、いずれ二五万フランなり四〇万フランなりをどこかで調達する必要がある。

「ではだれが、残金を負担するのか？　いたって簡単、良縁の相手である。筆頭書記は結婚するために株を買う、と同時に、ひとたび株の権利を得たら、残金を払うのに結婚しなければならないのである」（アルタロッシュ「代訴人」）

　そのため、株を手に入れた代訴人はにわかにダンディーとなる。上から下まで一分のすきもなく着飾ってサロンに出入りし、金満家の娘にダンスを申し込んだり、ロマンチックな詩を口ずさんでみせたりする。

　ところが、ひとたび結婚すると、代訴人はとたんにダンディーではなくなる。ブローニュの森にもカフェ・アングレにも出向かなくなる。かつての贅沢品の中で手元においてあるのは、部屋着と室内履きだけである。なぜかというと、代訴人の仕事は、訴訟手続きを依頼しに訪ねてくる顧客と、この格好で面談するだけだからである。

　顧客との面談は代訴人事務所の書斎 cabinet で行なわれる。そして、代訴人は、この書斎だけは、贅を尽くしたゴージャスな作りにする。「贅沢な身なりが妻との出会いに役立ったように、贅沢な書斎は、代訴人が依頼者と出会うのを助けるからである」（同書）

この書斎の豪華さに比べると、事務所のほうは恐ろしいほど飾り気がない。整理棚に並べられた訴訟記録の束と段ボール箱、古ぼけたストーブ、書記たちの食べ残しの食器、差し押さえや競売の告示ポスター以外にはなにもない。バルザックは、『シャベール大佐』で、代訴人の事務所が「パリで最もおぞましく」「忌まわしい場所」であるのは、そこが代訴人にとっても訴訟の依頼人にとってもまた書記にとっても通過点にすぎないので、部屋の美しさなどどうでもいいからだと指摘している。

訴訟依頼人たちは、こうした無味乾燥な事務所の一角で九時から待たされたあげく、十時になってようやく代訴人と書斎で面談することができる。そのとたん、書斎の豪華さに幻惑され、代訴人の人当たりの良さに感動し、いっぺんに代訴人を信用してしまう。いっぽう、相手の信用を勝ち得た代訴人は訴訟に関する話は早々に切り上げ、もっぱら世間話に花を咲かせる。こうすることで、依頼者と親しい間柄となり、以後、法律相談に乗るふりをして、訴訟をけしかけることができるからである。

といっても、代訴人は、依頼人との面談以外は、筆頭書記に三十分ほどかけて指示をあたえるだけで、あとは新聞を読むのに時間を費やす。実際の訴訟手続きの指揮は筆頭書記がすべて担当するからだ。書類は第三書記が作り、第二書記が法廷との連絡を担当する。第四書記はたいていが法学部の学生で、研修の名目で筆写をやらされている。仕事の合間にヴォードヴィルを書くような連中が多く、スクリーブのようにこちらの方面で身を立ててしまう者もいる。

ところで、これだけの従業員を使って事務所を経営し、その上、代訴人株の残金を返済してゆくのだから、この職業、よほど儲かるにちがいないと想像できるが、アルタロッシュによれば、やはり、代訴人の年収は平均でも五万フラン（五〇〇〇万円）で、腕のいい代訴人なら八万フラン（八〇〇〇万円）は稼ぐというから、弁護士よりははるかに実入りがいいことになる。しかも、訴訟はまず最初に代訴人のところに持ち込まれるから、弁護士のように「訴訟を回してもらうために代訴人の部屋着の裾にキス」する必要もない。

ただし、これはあくまでパリの代訴人の場合で、地方の代訴人はせいぜい二万五〇〇〇フラン（二五〇〇万円）どまりである。この差は、地方の代訴人が概して訴訟を単純化しようとするのに対して、パリの代訴人は訴訟をわざと複雑にしようとすることからきている。

いっぱんに、代訴人は、裁判にあたって、訴訟の根拠と方法を述べた請願書 requête を作成し、訴訟当事者に写しを一部ずつ送り届けることを主たる業務としているが、このオリジナルとコピーの作成料として依頼者に請求できる手数料が驚くほど高額で、代訴人の財産形成のもっとも有力な手段となる。といっても、手数料は依頼者の数に比例しているので、悪知恵の働く代訴人は、依頼者の数が増えなくとも請願書の枚数が増える工夫をする。たとえば、訴訟相手の代訴人とぐるになったり、あるいは、訴訟依頼人が複数の場合は依頼人同士を書類上で故意に戦わせたりして、何重にも請願書とコピーを作り、手数料を何倍も請求するのである。今日の医者の保険金不正請求の手口と似ている。

この調子で蓄財に励めば、代訴人株を手に入れるのに背負いこんだ借金など十年もすれば完済できるばかりか、さらに、数十万フランの蓄えをこしらえ、パリに豪邸を、田舎に別荘を構えることも十分に可能である。そのあげく、代訴人の株を事務所とセットで筆頭書記に売り払えば、それを元手に終身年金を買い悠々自適の年金暮らしをすることもできる。名誉心のあるものは、治安裁判所の判事にでもなって法曹界での出世を狙うことも不可能ではない。

ことほどさように、大革命の混乱で、財産がらみの訴訟の多かった王政復古から七月王政までの社会では、代訴人の力は思いのほかに強大だったのである。バルザックが代訴人デルヴィルを《人間喜劇》の最も重要な脇役として設定したのも、こうした事情を知れば、なるほどと首肯することができるのである。

3　屋根裏の詩人からジャーナリストへ

一八三〇年代から四〇年代にかけて、法科大学と医学大学に登録するためにパリにやってきた大学生の数は、当時の風俗観察集をつきあわせてみると毎年ほぼ三〇〇〇人前後。一八四一年の人口調査によれば、パリは、総人口九三万五二六一人で一〇〇万都市に近づいているから、割合からすれば、それほど多いわけではない。

しかし、総人口比では少数でも、潜在的職業人口としてはこの数字はかなり大きい。すなわち、めでたく学位を取っても、この三〇〇〇人全員が医者や弁護士、代訴人、裁判官、検事といった職につけるとは限らないのである。実入りのいい職業なら競争は激烈だから、当然、ドロップ・アウトしてしまう大学生も出てくる。それでなくとも、大学の授業はいまも昔も退屈だから、倦怠にたえないというだけで、大学から足の遠のく者も出てくる。『感情教育』のフレデリック・モローなどはこの典型である。

「新品の鞄をかかえて、学期始めの講義に出てみると、無帽の三〇〇人ばかりの学生が階段教室いっぱいにつめかけていて、赤いガウンをまとった老人が単調な声で講義していた。ノートにペンの軋る音がする。大学の教室にも、教室特有の埃っぽい臭いと、同じ形の教室があった。そして相も変わらぬ倦怠が！　二週間はそれでも通い続けた。が、第三条までゆかぬうちに民法典はほったらかし、ユスティニアヌス法学提要は法人の基本分類《スンマ・デイウイシオ・ペルソナールム》まででうっちゃった」（山田𣝣訳、前掲書）

　フレデリック・モローは、郷里のコレージュでウェルテルやルネなどに憧れてはいたものの、それほど確たる信念をもった文学青年ではなかった。ウォルター・スコットや中世の歴史に興味をもち、親友のデローリエとの大旅行や公爵夫人との恋を夢見てはいるが、それはあくまで「大学を卒業」してからのことになっていた。だが、パリに出たらあれもしようこれもしようと、あまりにも多くの快楽を期待していたので、現実は、いかにも色あせてみえる。

「心待ちにした喜びなど、どこからもやって来はしなかった。貸本屋一軒分の本を読みつくし、ルーヴル美術館の陳列品をひとわたり見てしまい、幾晩か劇場通いを続けたあとは、どうしようもない退屈におちいった」（同書）

　こうした状態に置かれたとき、しかも、その場所が「パリ」であるとき、多少とも文学をかじったことのある若者が、その心の空隙を埋めるために、ペンとインクに手を伸ばすのは、ある意味で必然的な成り行きである。パリは、浮動票的な文学青年をも文学へと誘う不思議な魔力をもっているからだ。フレデリック・モローもそんな一人だった。

「小説を書きはじめた。題は『漁師の子、シルヴィオ』、舞台はヴェネツィアだが、主人公はフレデ

リック自身、女主人公はアルヌー夫人で、作品での名はアントニアという」（同書）

こうして、パリにいるとだれもが屋根裏の詩人、屋根裏の小説家となる。パリは文学的模倣を誘発するのである。『フランス人の自画像』の「詩人」の項を執筆しているエミール・ド・ラ・ベドリエールは、詩人という言葉で、おのれの思想に光彩陸離たる音韻の意匠をかぶせる人を指すなら、いまのパリには詩人なるものはひとりもいないが、この言葉で、自分は生まれながらの詩人だと勝手に思い込み、アレクサンドランで韻を踏むことに熱中しているいわゆる詩人風の格好をした若者のことを意味するなら、詩人は掃いてすてるほどいるといっている。屋根裏の詩人や小説家はこの時代最大の流行だったのである。

「文学志願者」の項を担当したアルベリック・スゴンは、こうした「なんとなく文学者」の若者群像を次のように描写している。

「地方から毎年、この石造りのミノタウロスともいうべきパリに送られてくる三〇〇〇人の若者のうち、文学者たらんという信念を抱いて乗合馬車の発着所に降り立つ若者の数は、せいぜいのところ八人から十人にすぎない。残りの者は法律や医学を学ぶという口実のもとにパリにやってくる。すなわち、ある朝、突然、天の啓示で自分に密かな使命が与えられていることを悟り、栄光と財産へと導いてくれる駿馬に飛び乗るような感じでペンにまたがり、インク壺の中に喜々として船出して、インクの黒い小波をパクトロスの川のような黄金の波に変えようとする。だが、それはあくまで、この二つの学問の刺に触れて肌を痛め、授業登録料を使い込んでしまってからのことにすぎない」（スゴン

詩　人

「文学志願者」）

つまり、パリへの憧れと大学のマンモス授業の退屈さとの落差が、大量の物書き予備軍を生み出したというわけである。おそらく、典型的な二流ジャーナリストであったアルベリック・スゴンは、自らの経験に照らして、この一文を書いているのだろう。そのせいか、彼の語る文学志願者ウージェーヌ・プレヴァル君の肖像は、妙にリアリティがあって、この種の戯文にしてはなかなか読ませる。以下、スゴンにしたがって、プレヴァル君の文学修業の有り様を見てゆくことにしよう。

＊

プレヴァル君は一八三四年頃、満腔の志を抱いてシャトー・シノンからパリにやってきた法学部の学生である。ところが、大学に通い始めたとたん、法律の勉強にはげしい嫌悪を抱いてしまう。そんなとき、スクリーブの芝居を上演していたジムナーズ座で二人の通人と隣り合わせになり彼らの会話を小耳にはさむ。スクリーブはこんなつまらない芝居でも年に五、六〇〇〇フランは稼いでいると一方がいうと、もう一方が、劇作家ばかりかジャーナリストの連中もえらく景気がいいらしいと答える。屋根裏のアパルトマンに戻ってきたプレヴァル君は法律書を暖炉に投げ込んで、叫ぶ。「僕も文学者になるんだ！」と。

物書きが儲かると聞いて即座に文学を志願するとは、プレヴァル君なかなか利に聡い若者だが、バルザックにしてもデュマにしてもユゴーにしても、このロマン主義の時代の文学者の頭の中では、多かれ少なかれ、名声と金と女はワン・セットとして考えられていたのだから、この肖像もあながち誇張とはいいきれない。

現に、若き日のバルザック自身がいくぶんか投影されている『幻滅』のリュシアン・ド・リュバンプレは、妹への手紙でこう書いている。

「悲しみと貧困は、いつもきまって知られざる才能に襲いかかるものらしい。だが、彼らとて、いつか日の目を見ることもある。そうしたら、作家は金持ちになることができる。ぼくも金持ちになるぞ」（バルザック『幻滅』生島遼一訳、東京創元社）

リュシアンは、パリに出てから詩人を志したわけではなく、故郷で詩集と小説を書き上げてきた文学の「確信犯」ではあるが、ラ・ベドリエールが「詩人」について語ったように「自分の書き物箱の中に栄光と財産の源があると信じている」点では、この時代の文学志願者のプロトタイプといってい い。そのため、田舎からもってきたわずかな蓄えが尽きると、リュシアンは、無から有を生じさせるべく、アンドレ・シェニエ風の詩集『雛菊』と歴史小説『シャルル九世の射手』をもって、出版社巡りをする決心をする。

いっぽう、文学者宣言をしたプレヴァル君は、翌朝、さっそく『二万五〇〇〇の住所録』（電話がない時代に、こんな電話帳のようなものが既にあったのだ！）で、パリの新聞社と雑誌社の住所をすべて探しだし、記事の持ち込みを開始する。

まず、『ルヴュ・デ・ドゥ・モンド』を当たってみるが、タイトルが不道徳だと断られる。次にライヴァル誌『ルヴュ・ド・パリ』に行くと、今度は道徳的すぎると受け入れてもらえない。最大の新

文学志願者

聞『シエークル』は長すぎるといい、王朝左派の『クーリエ・フランセ』は短かすぎるという。共和派の新聞『ナシオナル』は思想が合わないと断り、ジラルダンの『プレス』はこんな刺激的な記事はアナーキスト新聞にでも持ち込めと突き返す。さらばと、小新聞にターゲットを絞っても、大新聞と同じように、なんだかんだと理由をつけて拒絶される。こうして、ほぼ二か月のあいだ、プレヴァル君は靴を泥だらけにしてパリのすみずみまで歩き回り、ありとあらゆる新聞社と雑誌社を回ったが、芳しい返事は得られない。雨や寒さはまだしも、耐えがたいのは、編集者の傲岸不遜な態度と、売り込みにやってくる文学志願者を追い払うことに生きがいを見いだしている受付係の横柄な態度である。今でも、マスコミ志望の大学四年生や、マンガの持ち込みをしているマンガ家の卵は日々同じような辛酸をなめているにちがいない。

　おかげで、さすがのプレヴァル君も、希望を失い、故郷に帰ろうかと思い始めるが、そんな矢先、ソルボンヌ通りを歩いていると、新創刊の文学新聞『シェリュバン』の広告ビラが目に入る。プレヴァル君は「まだ拒否されていない唯一の新聞だ！」と喜び、さっそく、ゲネゴー街の予約購読受付所に赴く。受付所を兼ねた薄汚れた建物の一室をそっとのぞくと、汚いベッドに入れ替わりで寝泊まりしている十五人ほどの編集部員が、寒さをしのぐために靴で床を踏み鳴らしながら、まだ出してもいない新聞の方針を巡って侃々諤々《かんかんがくがく》の議論を展開している光景が目に入る。一瞬怖じけづいたプレヴァル君だったが、思い切ってドアを開くと、十五人の視線が一斉に向けられる。その瞬間、プレヴァル君の口をついて出た言葉は「原稿を見てくれませんか？」ではなく、「予約購読の申し込みに来たんですが」だった。プレヴァル君は、「唯一の予約購読者の持ち込む記事を拒むことはできまい」と、とっさに策略を巡らしたのだ。

「事実、一週間後、彼が原稿をもって編集部を訪れると、全員が熱狂をもって迎えてくれた。かくして、その日から、ウージェーヌは編集室で靴底で床を踏み鳴らし、世の文学者を片端から攻撃するという名誉を得たのである」

『シェリュバン』創刊号が世に出て、自分の原稿が活字になったのを見たとき、ひどい誤植があったにもかかわらず、プレヴァル君は自分をこの世でもっとも幸福な男と感じた。原稿料のかわりに渡された三十部の『シェリュバン』を郵便局にもってゆき、シャトー・シノンの親類や知り合いのもとに送った。カフェや新聞の閲覧所に入ると、かならず『シェリュバン』を置いているかとたずね、自分の書いた記事を心ゆくまで味わってからでないと出てこなかった。そして、寝る前に、自分宛の手紙をしたため、その封筒に「ムッシュー・ウージェーヌ・プレヴァル、ジャーナリスト、文学者」と書いて、その肩書が門番に与えるであろう効果を予想しては、一人悦に入った。

『シェリュバン』は当然のごとく創刊号を出しただけで廃刊になったが、ひとたび「ジャーナリスト、文学者」の肩書を得たプレヴァル君は、その後、同じような小新聞の創刊に加わり、いつのまにか一端のジャーナリストを気取るようになる。やがて、劇評家として木戸御免となり、楽屋に頻繁に出入りすると、女優を愛人にしようと企むようになる。いずれにしろ、ジャーナリストと物書きには、とにもかくにも「なってしまえ」というのがプレヴァル君の得た教訓のようだ。これなど、現在のジャーナリズムにも、そっくりそのまま使える公理ではなかろうか。

*

出版社巡りを始めた『幻滅』のリュシアンもこれと似たり寄ったりの経験をする。最初に飛び込んだヴィダル＝ポルション書店は、出版社というよりも、取次を主とする書籍業者だった。リュシアンはそこで交わされる会話にショックを受ける。取次業者は、ある出版社の小説の注文が殺到していることを知りながら、義理でつまらない本を引き取ってやるふりをして買い叩き、おまけに、決済は一年手形にするという条件を呑ませてしまったのである。リュシアンは店をあとにしながら、書物が帽子屋の帽子と同じようにやり取りされていることに憤慨する。

それでも、リュシアンは、この店で紹介されたドグローという出版屋に『シャルル九世の射手』の原稿を読んでもらうことに成功する。ドグローはリュシアンに才能ありと認めたのだ。しかし、最初『シャルル九世の射手』の包括著作権のために一〇〇〇フラン払おうと思っていたドグローは、リュシアンの屋根裏を見て考えを変え、これなら八〇〇フランでいい、いや六〇〇フランでもかまわないと買い取り値段を下げて、最後は「四〇〇フランでいただきましょうか」と切り出す。世間知らずのリュシアンは、思わず「一冊につきですか」とたずねてしまう。そして、「いや全部で」といわれると、それなら焼きすてたほうがましだと答える。

次にリュシアンは、ジャーナリズムの門をたたいてみることにする。小新聞の一番才気ある記者と比べても遜色ない記事を書けるという自信があったので、ジャーナリストになって名を売ってから、

ジャーナリスト

本を出しても遅くはないと考えたのである。ところが、たずねていった小新聞の事務室で、プレヴァル君ほどに機転のきかないリュシアンは「予約購読の申し込みじゃなくて、記事を見てもらいにきたんです」と答えてしまい、体よく追い払われてしまう。

仕方なく、安レストランのフリコトーでいつも一緒になる駆け出しのジャーナリスト、エティエンヌ・ルストーにジャーナリズムへの口ききを頼む。ルストーは、小新聞の劇評や書評を無料で書いている三文ジャーナリストにすぎないのだが、名士たちの名前を友達のように口にするその様子がリュシアンの目にはひとかどの人物という風に映ったのである。

リュシアンから『雛菊』の朗読を聞かされたルストーは、リュシアンの才能を一応は認めつつも、パリには、文学への愛だけでは決して道を切り開くことのできない複雑なカラクリがあるといって、ジャーナリズムの苛酷なメカニズムを教授する。ルストーの与えるこの教訓は全文を引用したくなるような見事なジャーナリズム論であり、同時に当時のジャーナリストがどのようにして食べていたかを教えてくれる貴重な資料である。

すなわち、書評や劇評の稿料はほとんどただに近いが、当時は書物が高かったので、寄贈された本を古本屋にたたき売ればかなりの実入りになったし、また劇評を担当すると、劇場から無料入場券を何枚か渡されるからこれも金券屋で処分できた。さらに、書評や劇評をゆすりの種に使えば、高級レストランでただで晩飯にありつけるどころか、生きのいい女優を愛人にすることも夢ではない。

しかし、ルストーは、こうしたジャーナリズムの裏街道を明かした上で、堕落した元天才詩人を気取って、こう嘆いてみせる。

「こんな俺でも、昔は、悲劇の傑作をひとつ書いて採用されたこともあるんだ。草稿入れの中には、そのまま朽ち果ててしまう一篇の詩だってある。ああ、昔は俺も純情だった。純粋な心をもっていた。その俺がパノラマ・ドラマティック座の女優を愛人にしている。かつては社交界の一番すばらしい貴婦人との恋を夢見ていたというのに！　今じゃ、俺の新聞に本屋が、たったの一冊寄贈を断ったというだけの理由で、素晴らしいと思っているその本をけなしまくるという有り様だからな」（生島遼一訳、前掲書）

ところが、ジャーナリズムに憧れるリュシアンは、このルストーのぼやきを、非常に甘美な誘惑の言葉として聞いてしまう。昨今の作家やマンガ家の卵が、一足先にデビューした友人から、締め切りに追われて徹夜したとか、ホテルに缶詰になっていると愚痴を聞かされて、ああ早くその締め切りとやらに追われてみたい、缶詰にされてみたいと願うのと同じである。リュシアンも、書評や劇評でおのれの力を見せつけたり、女優を愛人にしたいと真剣に感じたのである。それどころか、リュシアンは、ルストーから「もはや地獄から抜け出すことのできない亡者の叫び」を聞かされても、怯むどころか「僕なら、その戦場で勝ってみせる」と叫んだのである。この言葉を聞いたルストーは、親切めかしてこういう。

「また一人、闘技場でライオンに身をゆだねるためにキリスト教徒が降りてきたか。それなら、今夜パノラマ・ドラマティック座で八時から、芝居の初演があるから、ひとつ下宿に戻ってバリッとし

た服に着替えてきたまえ。［…］出版界の大立者とジャーナリストに紹介してやろう」（同書）
リュシアンは「今夜のことは決して忘れない」とルストーに感謝する。「自殺へと至らない場合は、悲惨へと通じるしかない道」（アルベリック・スゴン）へと足を踏み入れたことも知らずに。だが、この時代には、このジャーナリズムという地獄に堕ちてゆくこと自体がまたとない快楽となるという倒錯がすでに始まっていたのである。

4　女優志願

医者、弁護士、代訴人といった正業への道を目指しながら、いつしかドロップ・アウトしてしまった学生にとって、ジャーナリズムという「裏街道」は、それなりに輝いて見えたにちがいない。なぜなら、「名声」と「金」を手っ取り早く獲得できるばかりか、表街道を歩いていたのでは永遠に接近不可能な「女優」や「踊り子」という美神に近づく道が開かれているからである。人によっては、「金」や「名声」よりも、こちらのほうがジャーナリスト志願の強い動機だったのかもしれない。そう、ジャーナリストになるということは、この当時、「女優や踊り子と付き合う権利」とほとんど同一視されていたのである。

＊

では、かくもジャーナリスト志願者のファンタスムをかきたてていた女優や踊り子という存在は、実際にはどのような生活を送っていたのだろうか。たとえば、どんな階層の娘が女優や踊り子になろうとしたのか？　収入は？　女優だけで食べていけたのか？　ジャーナリストと付き合うことのメリットとデメリットは？　大成できなかったときはどうなるのか？

これらの点に関して、『フランス人の自画像』は、こちらの知りたい細部について、かなりの程度まで教えてくれる。「女優」そのものの項目はないものの、「端役女優」「女優の母親」「オペラ座ネズミ（オペラ座付属踊り子養成学校生徒）」「コンセルヴァトワールの生徒」などの関連項目は多いからである。したがって、例によってモザイクを作れば、欠如している中心を浮かびあがらせることは決して不可能ではないのである。

＊

若く美しい娘を芸能関係に進ませる最大の動機が、貧しさや平凡な日常からの脱出、豪華絢爛たる生活へのあこがれであることは、今も昔も変わりない。とりわけ、十九世紀にあっては、下層階級の娘たちが自力で貧しさから抜け出すには、高級娼婦になるのでなければ、女優になるしかなかった。

「心のなかで炎のように熱く燃える、女優や踊り子になるというこの欲望、コーラスやバレーの豪華絢爛たる衣装や背景の真ん中で観客の注目を一身に集めるという欲望に抗することのできる労働者階級の娘はほとんどいない。[…] ここで労働者階級と私が呼んでいるのは、門番小屋の小部屋で生まれた娘、あるいは流行品店に閉じ込められ、ペネロペのように朝から晩まで薄布やリボンを相手にした果てしなき労働を強いられているおしゃべりな美しい小鳥たちのことである」（オーデブラン「端役女優」）

この引用の中で、オーデブランが女優や踊り子の志願者として、流行品店の店員と並んで、「門番小屋で生まれた娘」をあげていることに、読者はいささか奇異な感じを抱かれなかっただろうか？当然である。誤訳ではないかと思った読者も少なくないだろう。

だが、それは、当時の女優や踊り子の出自を知らない人の物言いである。実際には、オーデブランの分類は見事に実態を反映している。すなわち、女優や踊り子の志願者は、突き詰めてゆくと、結局のところ、（1）「門番小屋で生まれた娘」と（2）「流行品店の店員や縫製アトリエのお針子《グリゼット》」に大別されてしまうのである。いかにも不思議な分類ではある。とりわけ（1）というのは当時の事情通の風俗観察を精読しない限りなんのことだかわからない。だが、ここではとりあえず、（1）はそのままにして、（2）の「流行品店の店員や縫製アトリエのお針子《グリゼット》などの働く娘」のことから話を始めよう。

＊

アトリエやブティックで働く娘たちは、ほとんど例外なく芝居やオペラの大ファンである。日曜の夜に屋根裏部屋に帰ると、見てきたばかりの舞台が頭に浮かんで寝つけない。月曜になっても、仕事中に友達たちと前の晩の話ばかりしている。事情通の友達が、女優の何某は舞台に立つ前は縫い子だった、別の何々は帽子女工だったというのを聞いているうちに、器量と歌声に自信のある娘は、もしかしたらこの自分もと思い始める。縫っているひだ飾りや、売っている流行品が忌まわしくなってくる。すでに彼女の心は舞台の上を舞っている。

「日曜毎に、その小鳥は鳥籠を抜け出して、サン＝トレール氏経営の演劇学校で、朝の十時から昼

の三時まで、生徒の中にまじって稽古やレッスンを受けるようになる」（同書）
やがて、彼女は、自分の天職はここにしかないと強く確信するに至る。自分を売り込むことに、もはやためらいはない。もちろん、監督に、次の芝居でデビューさせてくれと頼むことなど朝飯前である。かくして、元お針子、元ブティック店員は、見事、女優や踊り子に変身することに成功する。ただし、その他大勢の端役として。だが、そんなことは一向に気にならない。今日は端役でも、明日は主演女優、プリマ・ドンナになれるかもしれないではないか。
「デビューする端役女優はたいていが、十七歳か、あるいはもうすこし上である。それより下ということはめったにない。新人が舞台に現われると、常連客のオペラ・グラスがいっせいに彼女のほうに向けられる。ブロンドかブリュネットか、まつげの長い美しい眼をしているかどうか調べるためである」（同書）
もちろん、女優になろうとするぐらいだから、体のどこもかしこも、それなりに美しいのだが、それだけでは認められるには足りない。それらの美点を客席からしっかりと見てもらって、セリ値をあげてもらうには、端役の一団の中で、一番前に並んでいなければならないからである。したがって、この位置を確保するためとあらば、彼女はいかなるコケトリーや策略も辞さないだろう。劇場主、作者、舞台監督など多少とも影響力のある関係者すべてがターゲットとなる。なかでも作者は狙い目である。なぜなら、あわよくば、その他おおぜいではない「役つき」を回してもらえるかもしれないからである。しかし、作者のほうもそこは慣れたものだから、役をやるともやらないともいわない。端

端役女優

役女優は、この作者の曖昧な言葉をひたすら希望的観測で理解しようとする。だが、期待は常に裏切られる。主演女優やプリマ・ドンナへの道は遠い。おまけに、端役女優の給料ときたら、お針子や店員時代よりもすくないぐらいだ。

「端役女優が劇場の会計から受け取っている給料がどれほど少ないか、みんなよく知っている。たいてい、日給十五スーから二フランの間である。だが、それ以上であることはめったにない」(同書)

十五スーといえば、一フラン一〇〇〇円として七五〇円(二十スーで一フラン)、二フランでも二〇〇〇円である。一か月二十五日働いたとしても、最大五万円、年収にしても六〇万円(六〇〇フラン)にしかならない。後出の「オペラ座ネズミ」の項には、舞台に立つようになった研修生の年収は八〇〇フランとあるから、端役女優より少しはましかもしれないが、どちらも、日々の生活費だけで手一杯の金額である。そこでしかたなく、以前にやっていたお針子仕事の内職で急場をしのぐことになる。しかし、贅沢な生活の一端に触れてしまった彼女にとって、この内職というのは屈辱以外の何物でもない。そんなとき、同僚の端役女優がつぶやく。そんなの簡単よ。あなたにだって、金持ちのファンはいるでしょう。ほら、それ専用の一階のボックス席で、下からのぞくようにして、あなたの脚を見ているスケベオヤジが。ようするに「援助交際」というやつである。

「端役女優というのはほとんどが下層階級の出身である。にもかかわらず、しばしば、彼女たちは、あるときから、快適な生活を保証するありとあらゆる品々を所有するに至る。どうしてそうなるかはあえていわないが、とにかくそうなるのである」(同書)

女優の母親

＊

バルザックの『幻滅』のリュシアン・ド・リュバンプレは、悪友ルストーに導かれて、タンプル大通り、通称「犯罪大通り」にあったパノラマ・ドラマティック座の楽屋をたずねるが、リュシアンはたいへんな美男子なので、端役女優の一人コラリーに一目ぼれされる。

ところで、このコラリーにはカミュゾというパトロンがいた。カミュゾという男はでっぷりと太った絹商人だが、コラリーにぞっこんほれ込んで、豪華なアパルトマンを用意したばかりか、パノラマ・ドラマティック座の初舞台の役も金で買ってやっていた。だが、リュシアンに恋心を感じてしまったコラリーは、カミュゾに感謝するどころか、手鍋下げてもリュシアンのもとに飛び込みたいと思うようになる。女優の恋である。

冒頭で述べた、ジャーナリストが女優に接近するチャンスはまさにここにある。パトロンに囲われ、物質的には何一つ不自由はない女優でも、心には大きな空洞があいている。この心の隙間にうまく入りこめるのは、楽屋に自由に出入りできるジャーナリストか作家ぐらいのものである。女優というのは、いまも昔も、案外、付き合いの範囲が狭いのだ。純情だったリュシアンもことここに及んでは、もはや腹をくくるほかはない。

「二か月前には、ああした女たちは、恐ろしいドラゴンに守られた女神のように思えていたものだ。それがどうだ。さっきまでルストーがフロリーヌを愛人にしていることが羨ましくてならなかったこの俺が、いまは、そのフロリーヌよりもはるかにきれいな女優を愛人にしようとしている。どうせ一時の気まぐれだろうが、この浮気心を利用しない手はない」(『幻滅』生島遼一訳)

しかし、それにしても、リュシアンはうまいときにコラリーのハートを射止めたものである。なぜなら、リュシアンが漠然と予感していたように、以前には、コラリーにはドラゴンあるいは三つの頭を持つ地獄の番犬ケルベロスのようなガード役がいたからだ。

「リュシアン、まったく君は運がいいぞ、コラリーはいま十八だが、あと何日かすれば、あの美貌のおかげで六万フラン稼ぐようになる。三年前に、六万フランで母親に売られてからというもの、まだ悲しい目にしかあっていない。幸せがほしいんだ」(同書)

われわれとしては、この「母親に売られた」というルストーの証言に注目しよう。すなわち、十五歳のコラリーには母親というガード役がいて、悪い虫がつかないよう牽制しつつ、もっとも高い買い値をつけるパトロンを探していたのである。

では、この女優や踊り子の母親というのは、いったい、どのような階層の、どのような職業の人間だったのだろうか、答は、そのものずばりの表題を持つクイヤックの「女優の母親」の中にある。すなわち、女優の母親はたいてい、昔、田舎町の芝居小屋で鳴らした端役女優か、さもなければ、元愛人の斡旋で富籤《とみくじ》売り場の権利を確保した往年の浮かれ女か、あるいはパリで門番をしている女だと書かれている。

これと同様の証言は、テオフィル・ゴーチエの執筆した「オペラ座ネズミ（オペラ座付属踊り子養成学校生徒）」の中にも出ている。

「オペラ座ネズミの母親は、隠退した端役女優か門番女である」

＊

さて、ここまでいえば、さきほど、端役女優の出身母体のひとつに（1）「門番小屋で生まれた娘」というのがあった理由がおわかりいただけたことだろう。つまり、女優志願者のうち、お針子や店員として働いている娘を除くと、あとは、門番女や元の端役女優の母親によって、子供の頃から、むりやり、オペラ座付属踊り子養成学校やコンセルヴァトワールに入学させられ、女優や踊り子になることを運命づけられた娘たちなのである。

おそらく、みずからも端役女優か、あるいは女優を夢見た浮かれ女であった母親は、いまは門番女や富籤売りに身をやつしながら、失われた夢の実現を娘に託しているのだろう。自分は、せっかくいいパトロンを見つけながら、ふとした出来心からジャーナリストなどという下らぬ男に心を許し、女優の道を踏み外してしまった。おまけに、気づいたときにはお腹にはこの娘がいた。さいわい、以前のパトロンの力添えで、富籤売りや門番のポストと、実直な亭主を世話してもらうことができたが、

オペラ座ネズミ

器量よしの娘には、絶対に、私の轍は踏ませないようにしなけりゃいけない。そのためには、娘の行くところにはどこにでもこの私が付いてゆくことにしよう。かくして、ステージ・ママのプロトタイプが誕生する。

＊

オペラ座の中をネズミのようにチョコマカと走り回り、いたるところでおやつを齧っているところから、その名がついたとゴーチエが説明するこの「オペラ座ネズミ」ことオペラ座付属踊り子養成学校生徒は、まだ朝があけないうちにカフェ・オレとパンだけの質素な食事をすませ、母親に付き添われて家を出て、午前中のレッスンに通う。オペラ座ネズミの年齢は八歳から十四、五歳までで、十六歳のネズミはもはや年寄りネズミの部類に属する。

レッスンはオペラ座の天井に設けられた広いホールで行なわれる。レッスンが終わると、控室でおやつを食べ（当時は一日二食が普通）、平服に着替える。午後は自習の時間に当てられ、これが三時か四時まで続く。このあとで、ようやく家に帰れるが、しかし、日課はそれで終わったわけではない。夕食を取ると、六時に再び、オペラ座に向かう。毎日の公演で、その他おおぜいの一員として、さまざまな衣装をまとってバックで踊らなくてはならないからだ。公演が終わるのが九時か十時。この間、母親は常に娘に付き添って、悪い虫がつかないように監督している。

「母親は、オペラ座の稽古場でも、桟敷でも、監督の部屋でも、舞台稽古でもオーレリーから離れない。離れるのは娘が観客の前に立っているときだけである。［…］彼女はとりわけ、作者やジャーナリストや常連を恐れる。だから、娘がこうした殿方と少しでも話をしようものなら、たちまち間に割って入って、言葉を取りあげてしまう」（クイヤック「女優の母親」）

まさにステージ・ママそのものである。クイヤックによれば、赤の他人なのに、地獄の番犬ケルベロスとしての母親役を買って出る「義理の母」もいたという。

さて、オペラ座ネズミたちは、こうした母親の保護のかいあって、俗世間のことはなにひとつ知らずに育つ。彼女の宇宙は自宅と乗合馬車とオペラ座の中だけである。

「劇場の他の女たちは、十六か十八で舞台に立つが、それまでに、世間一般の生活を送ってきている。［…］ところが、オペラ座ネズミは非常に早くから劇場というこの巨大なネズミ捕りのなかに捕らえられているので、人間生活というものがどんなものか想像する暇もない。五月のバラが少女たちの頬に花開く年に、この小さな犠牲者は、哀れにも、その化粧の下で青ざめている」（ゴーチエ「オペラ座ネズミ」）

では、オペラ座ネズミたちは、修道院の寄宿学校の生徒のように、ひたすら純情なのかというと、何一つ世間のことを知らないという点では同じだが、別のある面では、特殊な環境と教育のおかげで、恐ろしいまでに大人になっている。その教育を担当するのが母親である。

「オペラ座ネズミたちの母親は、普通の家庭の母親が子供たちに地理や教理問答を教えるように、色目使いとつぶらな瞳の動かし方を教える。オペラ座ネズミという、この腕の細い、目の疲れた、青白い哀れな生き物に、家族の期待がすべてかかっているのである。だが、それはなんという期待だろ

うか！　[…]　オペラ座ネズミは放蕩は知っているが愛は知らない。悪徳は知っているが人生は知らないのである」（同書）

要するに、オペラ座ネズミの母親は、片時も娘のわきを離れずに、ジャーナリストや作家といった貧乏な連中を追い払うと同時に、もっとも娘を高く売りつけることのできる金満家を常に物色しているのである。ゴーチエは続けていう。

「奴隷市場はすべてトルコにあるとは限らない。人権憲章が公布されているこのパリにおいて、コンスタンチノープルよりも多くの女たちが売り買いされているのである。娘の貞操が堅いと評判になればなるほど、セリ値は高くなる。なかには六万フランにも達した娘もいるほどである」（同書）

なんと、この六万フランというのは、まさにコラリーが「落札」された金額ではないか。バルザックの数字は、こんなところでも信用に値するのである。

5　門番女のクモの糸

女優や踊り子の母親には「門番女 portière」が多く、しかもそのステージ・ママ自身も、元女優や元踊り子のケースが少なくない。もちろん、門番女の全員が全員、娘を女優や踊り子に仕立てようとするわけではない。当然、子供のいない門番女もいる。

しかし、いずれにしても、この門番女という存在、妙に当時のフランス人の想像力を刺激したらしく、小説や風俗読物に頻繁に登場する。なぜか？

この問いに対する答の半ば以上は、版画商オベール商会が一八四〇年代に放ったベストセラー《生理学》シリーズのうちの一冊『門番女の生理学』（ジャム・ルソー著、ドーミエ挿絵）の中の次の一節に見いだされる。

「諸君は、父や母のいる門番女を見たことがあるだろうか？［…］門番女の先祖について知りえることといったら、彼女がかつて数々の不運や不幸に見まわれたらしきこと、それに、必ずしも戸をあけるために生まれてきたわけではないことぐらいである。［…］ひとつだけ確実なのは、門番女は門番女を母として生まれたのではないことである。これほどに、子供たちに跡をついでもらいたいと親が望まない職業はない」(ジャム・ルソー『門番女の生理学』)

ようするに門番女というのは、もしあの時あの不運と出会っていなかったら、いまごろは……と、つねに条件法過去形で思考しているタイプの女がほとんどで、この独特の思考法が彼女をして、これほどに興味ある存在にしているのである。ジャム・ルソーは、すべての彼女の行動はこの思考法から演繹できると考えているようだ。

たとえば、門番女は、その低い身分にもかかわらず、だれよりも自尊心が強く、「さながら、傲慢と虚栄のデーモンにたえず取りつかれているごとく振る舞う」が、これも元○○の誇りがそうさせるからである。といっても、その元○○が、元侯爵夫人だったり元大銀行家夫人だったりすることはほとんどない。せいぜい破産した卸売商人の妻か、戦死したナポレオン軍将校の妻といったところにすぎない。

しかし、すくなくとも、結婚する前は女優や踊り子として、あるいは界隈一の美人として男たちからちやほやされた経験があったのだ。このときの自尊心がいまだに彼女を支えているのである。門番女としてはおそらく世界一有名であるバルザック『従兄ポンス』のあのマダム・シボですらも、昔は美人としてならしていたのである。

「シボのおかみさんはそのむかし牡蠣の剝身づくりの美人だったが、美しい剝身づくりがみずから求めずして出あうあらゆる恋のいざこざのあとで、二十八のときシボにほれこんで、カドラン・ブルー亭の剝身づくりの役を棄ててしまった。身分の低い女の美しさは至って寿命が短い」(バルザック『従兄ポンス』水野亮訳、東京創元社)

もっとも、こうした門番女の自尊心が、雇い主である家主にたいして発動されることはけっしてない。彼女とて生殺与奪の権利を握られている人間に対しては弱いのである。だが、ひとたび間借り人が相手となると、この自尊心がフル稼働する。

「門番女は、本来なら高貴な身分に生まれていたはずと思い込み、異なる土壌に移し植えられた花に自分をたとえているから、ゆとりのある暮らしぶりのように見える間借り人に対しては、心からの憎悪を抱いている。彼女は間借り人の裕福な生活は、まるで自分がその費用を負担しているかのように感じている。《あの奥さん、外出するときはかならず辻馬車を使うわね……えぇーい、くやしい、わたしだって、このわたしだって、あの不幸さえなけりゃ、辻馬車ぐらい毎日だって使えただろうに。それどころか自家用馬車だって持ってたかもしれないのに!》」(ジャム・ルソー、前掲書)

いっぽう、女中も雇えない貧しい家の奥さんが相手の場合には、同じく自尊心が働くにしても、それは「保護」という形をとってあらわれる。

「まあ、ミショネさんの奥さん、お暑いでしょう。すこし、わたしの部屋で休んでいらしたら?」(同書)

もちろん、こうした心遣いは、いささか横柄な態度で、自己の優越性を相手に思い知らせるような口調で示される。マダム・シボが、貧しい独身の老音楽家ポンスとシュムケに対して、最初に取って

門番女

いた態度は、まさにこの、劣等者に対する優越者の保護者的態度だった。おまけに、ポンスとシュムケが身のまわりの世話を月二十五フランで頼んだりしたから、マダム・シボは、保護者どころか支配者として振舞いはじめる。

「ポンスやシュムケの用事はとりもなおさず彼女の用事であり、彼女は二人のことを「私の旦那方」といったりした。最後のこの対のクルミ割りが羊のようにおとなしくて馭しやすく、少しも疑いぶかくなくて、まるで子供であることを発見すると、彼女は庶民階級の女の常で、二人を保護し崇拝するのに一身をささげるあまり、つい口をすべらして小言をいったり、パリでの生活費をかさばらせるあらゆるごまかしから二人をまもったりするようになった。月に二十五フランずつ出すおかげで、この二人の子供はあらかじめ考えめぐらしたわけでもなく、またそんなことになろうとは露知らず、母親を一人拾いこんだのである」（水野亮訳、前掲書）

ところで、門番女のこうした保護者的な態度は、もし、間借り人が逆らったり、自由をもとめたりすると、そのとたん、恐るべき弾圧者のそれに変貌するから注意しなければならない。ポンスの場合は、別に逆らいもせず自由も求めなかったが、その美術品コレクションが宝の山だという事実をマダム・シボに知られたときから、とてつもなく厄介な悪魔を背負いこむことになる。

＊

それはさておき、どうしてもここで答を出しておかなければならない疑問がある。十九世紀のパリでは、なぜ門番ではなく門番女だったのかという問いである。

答の一つは、門番ないし門番女に払われる正式の給料がひじょうに低かったことにある。『従兄ポンス』には、門番のシボ夫妻の収入について、こんな記述がある。

「この家は年におよそ八〇〇〇フランほどの収益をあげていた。〔…〕八〇〇〇フランの収益だから、そのうちの五分をもらうものとしてシボの所帯にはかれこれ四〇〇フランの金が入った」（同書）

まず、門番の受け取る金額が一軒の建物の全家賃収入の五パーセントであるという点に注目しよう。当時は、門番の給料は、こうした歩合制だったのである。そのため、シボ夫妻が管理をしているマレ地区のこの建物のように、それほど高い家賃を取れない界隈の場合、門番の手にする給料はそれに比例して低くなる。シボ夫妻の年収四〇〇フランという給料は、オペラ座の踊り子や端役女優の年収六〇〇フランから八〇〇フランという金額と比べても、相当の低賃金である。

したがって、まともな男なら、好き好んで門番になろうとはしない。逆にいえば、まともでない男だけが門番になるということである。『フランス人の自画像』で「門番女」の項を担当しているアンリ・モニエはこういっている。

「門番というのは、門の番をする人というよりも、むしろ門番女に仕える男といったほうがいい。なぜなら、門番と名乗るからには、この職業の仕事と報酬を門番女とわかちあっていなければならないはずだが、実際には、全然わかちあってなどいないからだ」（アンリ・モニエ「門番女」）

『門番女の生理学』のジャム・ルソーはもっと直截的だ。

「門番女に亭主がいる場合、それは門番部屋の中のひとつ余計な家具である。〔…〕この哀れな夫は、まったく受動的な存在で、建物の住人のだれひとりとして、各家庭の下男や下女ですら、注意を払わない。彼をとりあえず門番と呼ぶのは、門番女の亭主だからにすぎない」（ジャム・ルソー、前掲書）

ようするに、髪結いの亭主と同じで、門番の女房が門番女なのではなく、門番女の亭主が門番なのであり、アパルトマンの管理に関する仕事はすべて門番女が取り仕切っているので、住人にとっては、門番というのは、いてもいなくても同じ存在なのである。

とはいえ、この門番女の亭主は、まったくの「専業主夫」かというと、そうでもない。というよりも、家事などなにひとつできないから「主夫」もつとまらないのだ。ではなにをしているのかといえば、ジャム・ルソーもアンリ・モニエもいっているように、たいていは、門番部屋の片隅で、仕立屋や靴屋のような仕事をしている。「のような仕事」といったのは、界隈の住人から頼まれた古着や古靴の修繕といった半端仕事をしているにすぎないからである。正確にいえば、一人前の仕立屋や靴屋になれなかった職人だからこそ「門番女の亭主」になったのである。『従兄ポンス』のシボもそんな一人だ。

「彼はたいていの門番がそうであるように仕立屋だった。だんだんと年月がたつうちに、シボは仕立屋の親方のために働くことをやめてしまった。というのは、区内の小商人階級が次第に彼を信用するにつれて、あたり近所の三つつづいた町内で、あらゆる着物の修繕や目立たないつくろいや仕立直しなどを、一手に引き受ける権利をもつようになったからである」（水野亮訳、前掲書）

もっとも、シボは門番の仕立屋にしては腕がよかったらしく、日にかれこれ四十スー（二フラン）

は稼ぎ、年にならすと七〇〇フランから八〇〇フランになったというから、どうしてたいしたものである。

しかも、門番部屋として、無料で広くてこざっぱりとした部屋のほかにもう一間を与えられ、さらに、燃料は、アパルトマンの住人の薪から自分用のものを抜き取る権利を与えられていたから、「シボの世帯はマレー区の門番諸君のなかでも一番幸せな組の一つだといわれていた」のである。

このほか、馬鹿にならないのが、日頃のサービスに対してアパルトマンの住人からもらう「御祝儀」だった。バルザックによれば、シボ夫妻のそれは年に四〇〇フランに達し、給料の四〇〇フラン、亭主の仕立屋の報酬の八〇〇フランと合計すると、平役人の年収をはるかに上回る一六〇〇フランにもなったという。これなら、たしかに、シボ夫妻は界隈一の幸せカップルといっていい。

もちろん、こうしたシボ夫妻のような恵まれた門番夫妻は例外に属するだろう。だが、門番夫妻には、表面にはあらわれない細々とした副収入があったことはたしかなようである。その証拠に、以前にもあげた『実用生活事典』で「門番」の項を引くと、次のような注意書きが出ている。

「建物あるいはアパルトマンの契約時ないしは更新時には、《心づけ denier à Dieu》と呼ばれる少額の礼金を門番に払うのが習慣になっている。［…］また、門番は、元旦には間借り人からお年玉をもらい、建物に荷馬車が入ってくるときには、一車分の薪から一本、石炭のいくばくかを「天引」する習慣になっている。いうまでもなく、こうした心付けやリベートは与える側の自由意志に基づくが、間借り人としては、文句を言わずに黙ってこれらを門番に与えたほうがいい」

『門番女の生理学』には、お年玉は門番女の「当然の権利」で、元旦には年賀状や年賀名刺を一刻も早く届けるという名目で各戸を回り、お年玉を徴収するとある。さらに、荷馬車から天引きする「一車分の薪から一本」は、暖炉にくべるために細かく切る前のもので、つねに「クリスマスの薪」と呼ばれる一番太くて見事な薪である。ようするに、門番夫妻の副収入は、弱い立場にある間借り人から取り立てる「心づけ」や、ほとんど間接税にちかい「天引」で成り立っているのである。家主からもらえない分は、間借り人から取って埋め合わせするというわけだ。

それればかりではない。門番女は、近所の肉屋やパン屋、八百屋などの商店からも「付け届け」や「年賀」を受け取っている。なぜかといえば、これらの商店は、門番女が間借り人に「悪しき情報」を吹き込むのを極度に恐れているからである。門番女の悪口ひとつで客足がばったり途絶えることはよくあるのだ。

また商店は、「付け届け」や「年賀」まではいかなくとも、仕立屋や靴屋の「亭主」のほうに注文を出すぐらいの誠意を見せなければならない。シボの亭主が近所の商店相手にけっこう商売繁盛していたのは、その腕というよりも、マダム・シボの毒舌のせいなのかもしれない。

＊

しかし、それはそれとして、間借り人は、なぜ、これほど門番女に対して弱い立場にあり、ひたすら門番女のご機嫌をうかがわなければならないのか？　それは、門番女に、いわば「構造的」に弱みを握られているからである。『実用生活事典』には、間借り人が門番を裁判所に訴えて勝訴した判例が出ているが、これはそのまま、門番女が間借り人にした「意地悪」の実例集になっている。

（1）間借り人、あるいは間借り人をたずねて来た人に対して、建物の入口の扉をあけるのを拒む。

この門番女の「意地悪」はフランスの建物の中で門番部屋が位置しているポジションから生まれるものである。すなわち、当時のパリの集合住宅のほとんどを占めるコの字型の建物にはたったひとつの入口しかなく、しかも、その入口の扉はわきの門番部屋に吊るされたヒモでしかあかないような構造になっているのである。

そのため、もし、門番女と悶着を起こしていたりすると、夜中遅く帰ってきたときなどには、門番女が扉をあけてくれないことがよくある。法律では、昼夜の別なく扉をあけなくてはならないことになっているが、気づかなかったといえばそれで終わりである。

『門番女の生理学』によれば、恨みのある間借り人に対しては、ノックを聞いても知らん顔をきめこんで、どしゃぶり雨の中に長い間待たせておき、「おや、雨でしたか？　道理で聞こえなかったはずだ」とそらとぼけ、毛布に戻りながら「肺炎にでもなって死んでしまうがいい」と平然といいはなつ門番女もいるという。

（2）手紙、小包などの郵便物や配達物、および執達吏の令状などの受け取りを拒んだり、引き渡しをわざと遅らせたり、到着を知らせないでおく。

門番女の意地悪でいちばん厄介なのがこれである。いまでも、フランスでは、郵便配達夫は、集合住宅の各戸にいちいち配達せず、郵便物をすべてまとめて門番に渡すので、この「意地悪」は有効である。当時は、電話もなく、連絡はすべて速達でやりとりしていたから、門番女がその気になれば、いくらでも間借り人を苦しめることはできたのである。

「諸君がどれほどはやく手紙を受け取りたいと思っていても、手紙は、到着後二週間たってからでないと手渡されない」（アンリ・モニエ「門番女」）

逆に、執達吏の令状が届くと、門番女は、友人を連れて戻ってきた間借り人をわざわざ呼び止め、各家庭の家政婦があつまっている門番部屋の前で、これ見よがしにそれを手渡す。こうして、間借り人の破産の噂はあっというまに広まってしまう。

（3）間借り人がアパルトマンまで上り下りするのに必要なロウソクの燭台を預かるのを拒否する。

これは、電気もガスもない時代にはもっとも頻繁にあった意地悪らしい。アンリ・モニエは次のように書いている。

「門番部屋に入ったら、すぐに燭台をおく場所や隅を見つけないといけない。門番女が手を伸ばして受け取ってくれるなどということは金輪際ない。もう一度、燭台を部屋にもってかえるのでなければ、ポケットにでも入れておくほかない」（同書）

（4）転居した間借り人の住所を知っていながら教えない。

ジャム・ルソーによれば、転居した場合、門番女の意地悪はこんなものではないという。

「諸君が引っ越しをしたとしよう。引っ越し先のアパルトマンの家主が、新しい間借り人の前歴を問い合わせるのはだれのところか？　当然、前のアパルトマンの門番女のところである。諸君の運命はこの門番女の胸三寸にかかっている。［…］諸君が結婚を決意したとする。未来の舅は、独身時代の諸君の行動をどこに問い合わせてくるか？　まちがいなく、門番女のところである。門番女は諸君のどんな小さなスキャンダルも知っている」（ジャム・ルソー、前掲書）

しかしそれにしても、門番女は、なぜこれほどまでに間借り人の私生活に詳しいのか？　情報提供者をしっかりと確保しているからである。

＊

門番女のもっとも信頼のおける情報提供者、それは、各家庭の家政婦や女中である。門番女は、家政婦や女中を大切にする。それは、両者が一種の共生関係にあるためである。すなわち、門番女は家政婦や女中の良からぬ行動、たとえば愛人をこっそりと屋根裏部屋に引き入れたり、盗みを働いたりするのを大目に見てやる。そのかわり、家政婦や女中がコーヒーやスープを作ったり、ブドウ酒を地下のカーヴからもってきたりすると、そこから例によって「間接税」を徴収することをためらわない。

この共生関係のおかげで、門番女は、それぞれの家庭のどんな細かい情報にも通暁するに至る。門番女は、旧ソ連のKGBよりも強力なスパイ網を張り巡らしているのだ。

この点をよく知っているアンリ・モニエは、家政婦や女中と門番女を仲たがいさせるためだったら、いささかの労も惜しんではならないと忠告している。陰口、出まかせ、でっちあげ、禁じ手はなにひとつない。すべては、門番女自身が使用している戦法を使うまでである。間借り人と門番女の戦い、それはまさに「仁義なき戦い」にほかならない。

6　本物のダンディーの条件

あたり前のことだが、日本にないものはなかなか具体的なイメージを思い浮かべることができない。その最たるものは社交界だろう。社交界って、いったいなんなんだ？

まず上流階級の男女を成員としていることはだれでも知っている。だが、社交界というのは、政治や経済といった現実社会を牛耳っている男たちの世界とはまったく別の世界であることも明らかだ。なぜかといえば、その中心にいるのは女性だからである。要するに、社交界とは、権力や実力といった「力」を支配原理とする男の表社会とは価値体系を異にするもう一つの社会であり、その中心は常に女性たちである。そしてこの女性たちに気に入られた男だけが社交界に入れるのだ。

では、この二つの世界は、全然関係なく存在しているのかといえば、そんなことはない。少なくともバルザックの描いた十九世紀のフランスでは、表世界と社交界は、さながら昔、混浴が普通だった温泉地の男湯と女湯のように、入口は別だが、奥ではあいまいに結びついていて、この二つが相互に補完しあって初めて「上流社会」が存在するような構造になっている。

したがって、上昇意欲に燃えた青年が、社交界から入って、表世界のほうへ抜けることも決して不可能ではないのだ。表世界の入口からまともに入った場合は、なによりも時間と忍耐が必要である。しかし、社交界で貴婦人の寵愛を得られさえすれば、表世界の高位高官を努力なしで手に入れることもできる。これぞ、十九世紀の若者を鼓舞したフレンチ・ドリームにほかならない。

では、社交界に入るには、いったいどのような資格があればいいかといえば、これがどうもよくわからないのである。大学卒というような資格が明記されているわけではない。もちろん貴族の称号や財産は必要条件ではあるが、十分条件ではなさそうだ。つまり、社交界に入る資格というのは表社会の場合とちがってかなり漠然としているのである。

そして、この「曖昧さ」が、じつは、《人間喜劇》のフランス版ビルドゥングス・ロマンを先に進ませる駆動力の一つとなっているのである。なぜかといえば、この「曖昧さ」があるおかげで、多種多様な出自をもつ青年を主人公に据えることができるし、また「曖昧さ」それ自体がドラマとなりうるからだ。そうした「曖昧さ」にもがく主人公を通して、広範囲の読者を出世物語に参加させることが可能になるからである。

＊

話が抽象的になりすぎた。具体的に語ろう。

社交界の入口を選んだ主人公の代表的な例、それはいうまでもなく『ペール・ゴリオ』のラスティニャックである。アングレームの子沢山の貧乏貴族の長男であるラスティニャックは、パリに上った初めこそ表世界の入口を目指すが、すぐに、こちらには見切りをつける。

「初めこそ、一心不乱に勉強にうちこもうと思ったが、すぐに、やはり縁故は必要だと思い返し、社会生活に女性たちがどれほど重大な影響を及ぼすかに気づくと、突然のように考えを変え、後ろ盾となってくれる貴婦人を見つけるために社交界にうってでようと決心した」（拙訳、前掲書）

なぜ、このように突然考えを変えたかといえば、故郷に戻ったとき、家族の窮迫ぶりを目の当たりにして、てっとり早く社交界で出世しなければ埒があかないと悟ったからである。じつは、ラスティニャックは、心ひそかに自分には社交界に入るための資格が備わっているのではないかと自負していたのだ。

「情熱と才気に富み、しかもその情熱と才気が、上品な身のこなしと女心をいともたやすくとらえる凛々《りり》しい美貌によって裏打ちされている青年なら、社交界の女たちが放っておくわけはない」（同書）

なるほど、社交界に入るための資格の第一は、まず社交界の中心である貴婦人に気に入られることが先決条件であるから、美貌とエレガントな身のこなし、それに情熱と才気、二つに絞れば美貌と才気というわけだ。これは、『フランス人の自画像』の「ダンディー Le Fat」の項目を担当したウージェニー・フォア夫人の言葉とぴたり一致する。

「本物のダンディーはバラエティが少ない。私の知る限り二つだけ、美貌のダンディーと才気のダンディーである」（フォア夫人「ダンディー」）

そうか、美貌と才気の両方があればそれに越したことはないが、どちらか一つでもいいのだ。ラスティニャックは、バルザックが「ある種の力強い美貌」という曖昧な表現を使っているところからもあきらかなように、とびきりの美男子というわけではなく、どちらかといえば男っぽいごついタイプの男なのだが、それを補ってあまりある才気と情熱がある。つまり、ラスティニャックは「才気のダンディー」に分類されるタイプである。ただし、才気だけでまるっきりの醜男というのではだめらしく、やはり、「才気のダンディー」でも、ある程度の美貌は必要なようである。その反対もまた同じで、美貌でも才気がなければ社交界では通用しない。つまり、美貌と才気は社交界における最低の必要条件なのである。

＊

ところで、《人間喜劇》のヒーローの中で「美貌のダンディー」の代表選手を一人あげるとなると、『幻滅』のリュシアン・ド・リュバンプレという声が聞こえてきそうだが、実はちがう。なぜかというと、「美貌のダンディー」となるには、たんに男前であるというだけではなく、一種の自然さが必要だからだ。

「本物のダンディーは姿勢がピンとしている。しゃちこばっているのではないことに注意しよう。彼はたえずほほ笑んで白い歯並みをのぞかせるが、わざとそうやっているわけではないことは誰にでもわかる。それは子供のころからの習慣なのである」(同書)

フォア夫人が本物のダンディーのモデルケースとしてあげているアルベールの特徴をもう少し見て

ダンディー

みよう。

「アルベールは、ある種の投げやりな感じ、貴族的な無頓着さを身にまとっている。彼は自分が女たちに好かれることを絶対的に確信しているので、そのための努力をいささかなりともしない」（同書）

リュシアン・ド・リュバンプレは確かに水もしたたるようないい男だが、出身が薬屋の伜という庶民なので、この貴族的な自然さ、投げやりな感じがない。本物のダンディーが「生まれついてのダンディー」であるのに対し、リュシアンのようなダンディーはどうしても「ダンディーに見せようとするダンディー」の不自然さ、ぎこちなさが出てしまう。

では《人間喜劇》で、だれがこの「本物のダンディー」に相当するのかといえば、それはいうまでもなく《人間喜劇》最多登場記録を誇るアンリ・ド・マルセーである。

「一八一五年の四月の中旬、一人の若者が、みずからの力を知り尽くして、悠然と歩を進める猛獣のように、チュイルリ公園の遊歩道を屈託なげに歩いていた。ブルジョワ女たちは若者を見ようとあけすけに振り返った。いっぽう、貴婦人たちは、さすがに振り返りこそしないものの、彼が引き返してくるのを待ち、あとで思い出して楽しむために、このうっとりするほどの美貌を記憶にしっかりと刻みつけようとした。というのも、その美男たるや、貴婦人たちの中でももっとも美しい女の体にその顔をすげ替えてもすこしもおかしくないほどの美貌だったからである」（バルザック『金色の眼の娘』田辺貞之助・古田幸男訳、東京創元社）

バルザックは「猛獣」という言葉を使っているが、アンリ・ド・マルセーはたしかに、ライオンやトラのような猛獣の持つ自信としなやかさをそなえている。いや、アンリ・ド・マルセーだけではなく、バルザックの時代の本物のダンディーたちは皆この猛獣のような特徴をもっていたのだろう。だからこそ彼らは、現実に「ライオン」とか「トラ」と呼ばれていたのだ。

たとえば、アンリ・ド・マルセーに次いで《人間喜劇》に数多く登場するダンディー、マクシム・ド・トラーユもこの「ライオン」や「トラ」の仲間である。『ペール・ゴリオ』の最初で、ラスティニャックはその事実をいやというほど見せつけられる。

「ラスティニャックはこの若者に激しい憎しみを感じた。まず、きれいにカールされたマクシムのブロンドの髪が自分の髪型がいかにみっともないかを教えてくれた。次に、マクシムのブーツは汚れひとつなくピカピカに磨かれているのに、自分のブーツは、あれほど注意して歩いたにもかかわらず、かすかに泥がついていた。そして、最後に、マクシムの着ているフロックコートは粋な感じに胴を締め、ほとんど美しい女の体のように見せていたのに対し、ウージェーヌはといえば、昼の二時半だというのに黒の燕尾服を着ていた。シャラント県出身の才児は、すでに衣服と着こなしで、このダンディーに負けたことを認めぬわけにはいかなかった」(拙訳、前掲書)

ラスティニャックは、のちに「才気のダンディー」として社交界の一員となるのだが、まだこの段階では、本物のダンディーにあこがれ、なんとか「ダンディー」に見せようとしているダンディー」にすぎない。美貌はさておいても、装いのエレガンスの面で彼我の差がありすぎるからである。いくら才気があっても、装いのエレガンスという第一の必要条件をクリアしていなければ、本物のダンディーにはなれない。
フォア夫人は、本物のダンディーと、ダンディー志願者のちがいをこう説明している。
「ダンディー志願者と本物のダンディーとの関係は、パロディーと芸術の関係に等しい。前者は後者のあとを一歩一歩追いかける。だが、滑稽は崇高と紙一重でも、ついぞ追いつくことはない。本物のダンディーはダンディーの称号を守ろうとするのに対し、ダンディー志願者はそれを獲得し、称号にふさわしいものになろうと努め、自分がそうであることを証明しようと懸命になる。それは絶えざる研究であり、瞬時として休まることのない思考である」(フォア夫人、前掲書)
ようするに、ダンディー志願者と本物のダンディーは漸近線にも似て、志願者はいくら研究にいそしんでも永遠に本物には追いつけないというわけだ。

＊

しかも、それは、単に装いのエレガンスだけではなく、当意即妙の言葉のやりとり、つまり才気についても言える。着こなしがだめなら、才気で勝負と考えても、現実は甘くない。アングレームから、いきなりダンディーたちの牙城であるパリのオペラ座の桟敷に飛び込んでしまったリュシアン・ド・リュバンプレは自他を隔てるこの才気のバリアーにぶつかって驚く。

「リュシアンはこの男たちが返事をかえすさいの巧みな言い回し、ツボを押さえた才気に驚き、いわゆるきらめくような機知や警句に腰を抜かした。とりわけ会話の屈託のなさと態度の気安さは彼を呆然とさせた。午前中には、商品の贅沢さに恐れをなしたが、今度はその同じ贅沢さを思想のうちに

見いだしたというわけである。いったい、これらの男たちはどんな秘法によって、あのような辛辣な考察や当意即妙の返答を瞬時に見つけるのだろう。自分など、よほど長いあいだ考え抜いたあとでしか思いつかないものばかりだ」（『幻滅』生島遼一訳）

出世の階段を駆け上がるのに、社交界の入口から入ろうと決意した志願者たちをまごつかせる「曖昧さ」というのがこの「秘法」なのである。それは秘法だからマニュアルによって学ぶことはできない。忍術のように、良き先生を選び、常住坐臥その一挙手一投足を観察して極意を盗みとるほかない。

「ダンディー」の中で、フォア夫人は、本物のダンディーであるアルベールと偶然知り合って以来、アルベールを模倣しようと努める裕福な商人の息子アシルをこんなふうに描いている。

「その日からというもの、アシルには、いっときの休息も、一瞬の停止も許されなくなった。アルベールはアシルにとって、モデルであり神であり理想であった。アシルは服の着こなしも、靴の履き方も、帽子の被り方も、アルベールそっくりにし、馬車も同じようなものをあつらえて、同じように自分の競走馬を買って

レースに出場させた」（フォア夫人、前掲書）

ところが、夏になって、アルベールが避暑旅行に出てしまうと、アシルは自室に引きこもって一歩も外に出ようとせず、ようやく秋になってから姿を現わして「いやぁ、イタリアは素晴らしかったよ」と吹聴してまわる。しかし、肝心要の社交界の愛人のことになると、さすがに、具体的に名前をあげることができない。そこで、オペラ座やシャンゼリゼの並木で貴婦人たちの姿を見かけるたびに、友人たちの前で彼女たちの名前をいちいち「言い当て」てみせる。それればかりか、アレクサンドル・デュマのような社交界の花形の名前を列挙し、ブールヴァール・デ・ジタリアンのレストランで一緒に食事したなどと吹聴するようになる。

いっぽう、こうしたダンディー志願者につきまとわれる本物のダンディーはどう考えているのかというと、案外、この種の「生徒」の効用を認めていたりする。つまり、自分の「本物ぶり」を際立たせるために、隣に「志願者」をはべらしておくのである。バルザックはこの二種類のダンディーの共生関係をこんな風に描いてみせる。

「アンリ・ド・マルセーはこのポール・ド・マネルヴィルという若者を友達として扱っていたが、それは、大胆な投機家が腹心の株式仲買人を使うように、社交界で彼を引き立て役として使おうと考えていたからである。いっぽう、ポール・ド・マネルヴィルにとっては、ド・マルセーの友情が偽物であろうと本物であろうと、それは社会的な問題であり、彼は彼で、この親友を自分なりに利用しているつもりになっていた」（『金色の眼の娘』田辺貞之助・古田幸男訳）

なるほど、これでわかった。《人間喜劇》に登場するダンディーたちが、常に「つるんで」行動しているのは、不良少年と同じように、相互に相手を利用するためだったのである。ただ、ブールヴァールやオペラ座の回廊を歩き回る第一段階で「つるんで」行動することができたとしても、社交界の貴婦人の愛人におさまるという最終局面では、さすがに一緒に行動することはできない。なぜなら、本物のダンディーとダンディー志願者では、同じ社交界でも相手にできる女性の「格」がちがうからである。だが、結局のところ、ここでも後者は前者の真似をしようと虎視眈眈と狙っている。

*

何度もいうように、アンリ・ド・マルセーのような最高のダンディーはライオンやトラのような猛獣である。であるがゆえに、それが狙う獲物、すなわち社交界の貴婦人は、最高に「いい獲物」でなければならない。つまり、たんに社交界の名花であるばかりか、若くとびきりの美人で、しかも金づるとして利用できるという獲物の条件をクリアーしている必要がある。

さらに、もうひとつ重要な条件がある。その貴婦人の夫である。夫が嫉妬という感情とは無縁のさばけた人間で、妻が愛人をもつことを黙認するばかりか、その愛人を「友人」として、フリーパスで家庭に迎え入れてくれるようでなければならないが、こうした夫というのは、社交界の一番上か一番下に位置していることが多い。前者は老齢でほとんど夫人の相手を務めることができず、後者は社交界で成り上がろうという野心に燃えているから、妻をその手段に使うことぐらい朝飯前だからである。

ド・マルセーは、とりあえず、後者の典型であるニュッシンゲン男爵夫人に狙いをつける。なぜなら、アルザス系ユダヤ人である大銀行家のニュッシンゲンは金の力でようやくパリの社交界に出入りを許されたばかりだし、その夫人のデルフィーヌは裕福な製麺業者のゴリオの娘で八億円の持参金でニュッシンゲンに嫁いだ女性なので、ともに、ド・マルセーの中に社交界の扉を開く鍵を見ることはあきらかだったからである。

ド・マルセーの狙いは見事に的中した。デルフィーヌは当然のようにド・マルセーに首ったけになり、彼はニュッシンゲン家を我が家のように利用する権利を得た。おかげで、社交界で遊びくらす金には当分困らなかったが、予想外だったのは、ニュッシンゲンの財布の紐が意外に固く、金づるとしてのニュッシンゲン夫人の寿命が思ったより短いとわかったことだ。そこで、ド・マルセーはさらに金を要求してデルフィーヌを困らせる一方、もっと条件のいい愛人ガラティオーヌ公爵夫人に乗り換える算段を始める。

ダンディー志願者にとって、この瞬間こそ、千載一遇のチャンスである。すなわち、ダンディーが捨てた貴婦人の愛人の座を襲って、後釜におさまることができるからだ。

では、ド・マルセーの生徒だったポール・ド・マネルヴィルがニュッシンゲン夫人の愛人となったのか？　それが違うのだ。後釜に座ったのは、なんと、我らがラスティニャックだったのである。

ラスティニャックは、縁故の系統樹をたどって社交界の中心ボーセアン子爵夫人にたどりつき、夫人を社交界への突破口にしようと考えたのだが、この目論見がまんまと図に当たり、ボーセアン夫人から、社交界でのし上がる秘訣を伝授される。社交界の最高位に位置しているボーセアン家に近づくためだったらどんなことでもするニュッシンゲン夫人を標的にしろと勧められたのである。

ボーセアン夫人はイタリア座のボックス席にラスティニャックを招いて、目標たるニュッシンゲン夫人に攻撃を開始するようけしかける。

「ほら、見てごらんなさい、ガラティオーヌ公爵夫人のボックス席にド・マルセーがいるでしょ。ニュッシンゲン夫人はもう嫉妬に狂って、くやしがっているわ。女に、それも、銀行家の妻に近づくのにこんな絶好のチャンスはないわよ。ショセ＝ダンタンの貴婦人はみんな復讐が好きなんですから」（『ペール・ゴリオ』拙訳）

だが、ラスティニャックにこうした教訓を授ける社交界の貴婦人とは、いったいなんなのだろう？

次は、この社交界の貴婦人の謎に迫ってみよう。

7 社交界の女王になるには

前章で、日本には社交界はないと書いたが、よく考えてみると、これと構造が多少は類似している世界というものは存在する。政界と相撲界と極道の世界である。

日本に残るこの三つの前近代的な世界では、一番勢力のある夫人に気に入られなかったら、若者の出世はおぼつかないという点が共通している。大物政治家の奥方、極道世界のドンの女房、相撲部屋の親方のかみさんに嫌われた若者は、亭主がいくら目をかけてやっても跡目を継ぐことはできない。昔は学界も同じで、大物教授の奥さんのお眼鏡にかなわない研究者は助教授になれないといわれたものだが、最近は、大物教授という存在それ自体が少なくなっていることもあって、学界もだいぶ近代化が進んでいるようだ。ただ、いずれにしろ、日本の社会でも夫人が隠然とした勢力をもつ世界はあるわけで、この点が社交界に似ていなくはない。

しかし、社交界がこれらの世界と大きく異なるのは、最も勢力のある貴婦人というのが、かならずしも最高実力者の夫人ではないことである。むしろ、社交界のファースト・レディの亭主というのは、サッチャー元イギリス首相の夫君のような影の薄い存在であることのほうが多い。たとえば、『幻滅』に登場する社交界の女王の一人デスパール夫人の夫の侯爵は、妻とはおよそ正反対の寡黙で地味な学究肌の貴族にすぎないし、同じく社交界の花形モーフリニューズ夫人の亭主の公爵は三十八歳で結婚したとき、すでに二年前からインポテンツだった。それどころか、《人間喜劇》に登場する社交界の花形たちのほとんどは、夫とは離婚しているか、別居中である。つまり、夫の地位や名声といったものはほとんど関係がないのだ。

しかし、それなら、その社交界の名流夫人の勢力や名声を支えているものはなんなのかというと、これが社交界そのものと同じように曖昧模糊としているのである。

まず、金が必要でないことは確かだ。《人間喜劇》のニュッシンゲン男爵夫人ことデルフィーヌ・ゴリオは銀行家の夫をバックにしてパリ社交界を牛耳れるほどの財力を有しているはずだが、社交界ではたんなる成り上がりとしか扱われない。社交界一の美女モーフリニューズ公爵夫人などは借金だらけだ。

では、家柄がものをいうのかといえば、かならずしもそうではない。たとえば俗に公・侯・伯・子・男といわれる「公爵 prince および duc」、「侯爵 marquis」、「伯爵 comte」、「子爵 vicomte」、「男爵 baron」のうち、いちおう前三者は上級貴族、後二者は下級貴族ということになっているが、ラスティニャックを社交界に送り出したボーセアン夫人はボーセアン「子爵」夫人でしかないにもかかわらず、パリ社交界に君臨する女王である（もっともボーセアン夫人は実家が名門ブルゴーニュ家という血筋の良さはもっている)。

いいかえると、格式の高い公爵夫人だからといって社交界の花形になるわけではないのだ。『フランス人の自画像』の「公爵夫人」の項にはこうある。

「パリの格式ある二十七、八人の公爵夫人のうち、イタリア座にボックス席をもっているのはせいぜい一人か二人、カーニヴァルのあいだに一、二度観劇に出掛けるのも二人か三人にすぎない」(クルシャン伯「公爵夫人」)

それなら、やはり、美貌が一番の決め手なのだろうか。たしかに、美貌は社交界の名流夫人となるのに絶対に欠かせない条件ではある。《人間喜劇》における社交界の女王たちは、それぞれ美しさの種類はことなるが全員が全員美人である。すくなくとも不美人はいない。しかし、逆に美しければ社交界の女王になれるかといえば、かならずしもそうとも言いきれない。家柄もよく、財力もあり、美貌にも恵まれていても、それだけでは社交界に君臨することはできないのである。つまり、絶対的に必要な条件があとひとつあるのだ。

*

パリの社交界に君臨するための必須の条件、それは基本的には男の世界と同じで、「政治力」である。男の世界の場合、政界でも極道の世界でも相撲部屋でも、あるいは学界でも、権力の基盤は自派の党派の構成員の数と質にある。強力な精鋭を一番多くそろえているボスがその世界のドンとなる。この点は社交界も同じで、才気にあふれた美貌のダンディー、文学者や芸術家といった有名人、外国

名流夫人

からやってきた「時の人」、それに、もちろん社交界でもっとも評判の高い貴婦人たちなど、要するに、こうした社交界の「エリート」たちを自宅で催すサロン、夜会、晩餐会、舞踏会などに可能なかぎり多く招くことのできる女性が女王となる資格をえるのだ。

だが、それにしても、どうやれば、これだけの社交界のエリートたちを引きつけておくことができるようになるのだろうか？　その秘訣は、不思議なことに「排除」の力にある。つまり、自分のサロンには飛びきりのエリートだけを集めて、その条件にあわないものは招かないという原則を立て、その線引きを巡る「招待」と「排除」の戯れを自在に調整する能力、この「政治力」が社交界での権力をつくりあげるのである。社交界の女王であるボーセアン夫人は、ダンディー志願者であるラスティニャックに、社交界に入ろうとするのだったらニュッシンゲン男爵夫人デルフィーヌと姉のレストー伯爵夫人アナスタジーの姉妹の戦いを利用するように勧めながら、社交界「政治」の戦略・戦術について、こう説明する。

「レストー伯爵は生まれがいいので、その妻も社交界に受け入れられて、宮廷にも出入りすることができましたが、妹、お金持ちの妹、つまりあのきれいなデルフィーヌ・ド・ニュッシンゲンは、お金持ちの奥さんなのに、死んでしまうほどにいらだって、嫉妬で身をさいなまれているの。姉さんが自分よりもずっと先のほうまで進んでしまっているから。姉はもう姉であって姉ではないのよ。［…］だから、ニュッシンゲン夫人はわたしのサロンに入れてもらうためだったら、サン＝ラザール通りとグルネル通りの間の泥を全部なめることだって辞さないはずよ。［…］もしあなたがあのひとを私に紹介したりすれば、あなたはすぐにあのひとのお気に入りになれるわ。もし、あとで愛することができるなら、そのときに愛しなさい。さもなければ、利用だけしておくことね。あのひととは大夜会で一二度、人がおおぜいいる中であったことがあるだけ。でも、午前中はぜったいに会うつもりはありません。あいさつしておけば、それで十分ですもの」(『ペール・ゴリオ』拙訳)

ここからもわかるように、「招待」「拒絶」というカードの切り方は、好悪とか愛憎とはまったく関係のないパワー・ゲームなのである。そして、それは招待される側でも同じことで、相手が好きだから招待してもらいたいと考えているわけではなく、招待されたという事実が社交界でのパワー・アップにつながるから招待されたいと願うにすぎない。

時代はいささかずれるが、プルーストの『失われた時を求めて』は全編がこの社交界の「招待」「拒絶」のパワー・ゲームの連続といってよく、主人公のマルセルはそれぞれの社交界の女王のカードの切り方を研究することをもって自らの感情教育とする。

こうしたパリ社交界の駆け引きは、やがて、海をわたって、新大陸のニューヨークにまで伝わってゆく。『ミシュラン・グリーンガイド　ニューヨーク』にはこんな記述がある。

「一八八三年春、ニューヨークの社交界は「提督」ヴァンダービルトの孫、ウィリアム・K・ヴァンダービルトが、五十一丁目のルネサンス風の大邸宅で催す予定の大舞踏会の話題でもちきりだった。ニューヨークの名家の令嬢たちは、くる日もくる日も優雅なおじぎの仕方や、複雑なステップの練習に励んだ。ウィリアムとキャロラインのアスター夫妻の娘もそのひとりだった。ところが、アスター

家の令嬢には招待状が届かなかった。オランダの旧家の出身であるアスター夫人が新興成金のヴァンダービルト夫人を軽んじて、自分の交友サークルから閉め出していたからである。だが、この話はハッピーエンドとなる。アスター夫人が娘のためにプライドを捨て、ついにヴァンダービルト夫人を自宅に招いたのである。その結果、舞踏会直前に招待状が届けられ、華やかな衣装に身を包んだ令嬢は、ラモーの曲に合わせてメヌエットやガボットを踊ることができた」

このように、社交界がある限り、パリでもニューヨークでも、ボーセアン夫人とニュッシンゲン夫人がいて、「招待」と「拒絶」のパワー・ゲームを繰り広げているのである。

＊

したがって、社交界の「政治学」にとってもっとも必要なのは、だれに招待状を出して、だれには出さないか、あるいは、だれから来た招待状には応じて、だれからの招待状には応じないか、その判断の的確さであり、駒としての招待状をどのような戦略のもとに使っていくかで、勝敗が分かれる。

この「招待状の戦い」はおおむね午前中に行なわれる。

「サロンの女主人が、朝の散歩から戻ると、彼女あての手紙がたくさん届いている。そのいくつかには招待状が入っている。招待状は、招待日別にただちに分類される。なぜなら、サロンの女主人にとって、招待状というのは、良き市民にとっての通行許可証のようなもので、すべてに優先すべき神聖なるものなのである。名流夫人からきた招待状に返事を出すのを忘れてしまったりしたら、こちらが次に夜会や舞踏会を開いたときに、その夫人が二十人ほどの若い人たちを自分のサロンに禁足したり、あるいはもっとひどい場合には、パーティー会場から彼らを連れ出してしまう可能性さえある」(『フランス人の自画像』所収、アルベール・シルクール伯「サロンの女主人」)

これとは別の種類の手紙に入っているのは、パーティーに欠席せざるをえないことにたいする言い訳や嘆きの返事である。その文面はセヴィニエ夫人もかくやと思わせるほどのエスプリと真心がこもっていて、ほとんどその種の手紙の模範にも使えそうな見事な文体で書かれている。

また別の手紙には、次のような懇請状が入っている。「この方は外国人でいらっしゃるのですけれども、もし、この方をフランスが提供する最高に優美なおもてなしで迎えるサークルの中にご案内することができましたら、これほどの喜びはないとぞんじます」(同書)

ここがサロンを「経営」する貴婦人にとって、もっとも思案を要するところである。「招待」「拒絶」のどちらのカードを出せば、自らのサロンの格をより格上げすることができるのか?

「招待するかそれとも拒否するか? 拒否するなら、あとあと危険のないように、なにか首尾一貫した理由付けのようなものが必要だ。招待するなら、長い目で見て、これが利益になるようでなければ

ばならない」（同書）

判断がつきかねるときには、ボーセアン夫人がニュッシンゲン夫人に対してやったように、とりあえず、たくさんの人が集まる大夜会や舞踏会に招待するにとどめる。とりわけ、外国人の場合はそうだ。したがって、もしわれわれが大夜会や舞踏会に招かれたからといって、大はしゃぎしてはいけないのだ。

「外国人は、今日、各サロンの招待客の一部をなしているが、最初はまず舞踏会に招待されるところからはじまる。しかし、その招待を大過なくすごさなければ、内密な人だけを集める夜会には招待されない。この内密な夜会だけが、いってみれば、名流夫人の勢力の基盤なのである」（同書）

こうしたことから判断すると、先のニューヨークの社交界でアスター夫人がヴァンダービルト夫人をいきなり自宅のサロンに招いたということは、じつに大変なことであり、ヴァンダービルト夫人としても、アスター令嬢に舞踏会への招待状を出さぬわけにはいかなかったのである。

＊

こんなふうに、それぞれサロンを経営する社交界の名流夫人のあいだでは、一種の「招待外交」が繰り広げられることになる。

「実を刈り取るには種をまいておかなくてはならない。もし諸君が、いまをときめく話題の貴婦人のサロンにいたとしよう。そこに、例のサロンを営む名流夫人がやってきたとしよう。その名流夫人がどんなふうにもてなされるかで、ランクがただちにわかる。［…］

名流夫人はキョロキョロあたりを見回したりはしないが、一瞬のうちにすべてを見抜く。［…］同時に、名流夫人はサロンで出会った他の招待客の価値を値踏みし、客層の善し悪しを判断する。判定は一瞬のうちにくだされ、ここは「買い」と決まる。そのときの見ものは、名流夫人がどうやって自分のサロンへの招待を切り出すかである。彼女が、まるで恩を売るように招待をもちだすそのやり方を見ていると、どれほどすれっからしの外交官といえども非常に勉強になる。つまり、彼女は、嘆願されるようにしむけてからでないと、相手のほしがっているものを与えないのだ」（同書）

とはいえ、「招待」「排除」の政治学だけでサロンを運営できるわけではない。やはり、サロンの女主人 maîtresse の魅力と客あしらいのうまさがなければ、サロンに名士の客は大勢やってきはしない。この点を誤解すると『スワンの恋』のヴェルデュラン夫人のような滑稽なことになる。つまり、社交界の名士が来てくれないのを、こちらが招待してやらないからだといいくるめて、自己のサロンはエリートの集まりだと自己満足しているのである。

＊

さて、以上で社交界の「政治学」というものの基本はおわかりいただけたかと思うので、最後に、社交界でサロンを経営する名流夫人たる最低限の「資格」のようなものをあげておこう。

「サロンの女主人となるには二十五歳以上でなければならないが、娘が結婚適齢期に達するまでは三十五歳を越えているとみずから打ち明けることはけっしてない。彼女は人々の過去を忘却する力をあてにしている。化粧や身繕いは、豪華さよりもエレガンスを心掛ける。イギリス刺繍のすばらしいドレスとか、指輪に象眼されたばかりのダイヤなどのお披露目は、かならず自分のサロンで行なう。招待客にたいしては、いくら慇懃に振る舞っても振る舞いすぎるということはない。［…］サロンの女主人は、行動にむらがあってはならない。かならずしも、恋の誘惑にさからうことはないが、その場合でも冷静さと威厳をもってする。だから、娘をもった母親は、サロンの女主人を見習うように言い聞かせるのである」（同書）

こうした「冷静さと威厳」を最高度に示したサロンの女王を一人《人間喜劇》の中であげるとすれば、それは、ラスティニャックに社交界の厳しい掟を教えたあのボーセアン夫人だろう。というのも、『ペール・ゴリオ』で愛人のアジュダ・ピントに捨てられたボーセアン夫人は、姿を一目見ようと舞踏会に詰め掛けた社交界の面々を前にして、女王にふさわしい尊厳を示すからである。

「こうした状況においても、準王家ともいえるブルゴーニュ家の末裔たるボーセアン夫人は、みずからの悲運に立派に耐えていた。ボーセアン夫人が社交界の虚栄を許していたのは、それを恋の勝利に役立てるためにすぎなかったのだが、最後の瞬間まで、彼女は社交界を支配していたのだ。［…］だれ一人彼女の心の中を読むことはできなかった。それはさながら、アポロンとアルテミスに子供全員を殺されて石になってしまったニオベの大理石像だった。親しい友にかいま見せる微笑にはときとして嘲りの色が浮かぶこともあったが、だれの目にも、彼女はいつもとすこしも変わらず、幸福で照り輝いていたときと同じだったので、どれほどものに動じない連中も、かつてローマの若い娘たちが、息絶える瞬間にも笑みをわすれない剣闘士に喝采を送ったように、ボーセアン夫人を心から賛嘆せずにはいられなかった。あたかも、パリ社交界がその女王に最後の別れを告げるために正装して集まったかのようだった」（拙訳、前掲書）

やはり、社交界の女王の中の女王になるためには、権謀術数の政治力だけではだめで、女王にふさわしい威厳が必要なのである。

8　黒服の悲惨

身分制度が大きく崩れた十九世紀の社会は、才気と美貌さえあれば、たとえ貧しい家庭に生まれた男でも、社交界を泳ぎ回って、一気に階級の階段をかけあがり、社会の上層に達することができるというラスティニャック神話を生んだが、その一方で、この幻影に欺かれて、おのれの階級からの離脱を図ったばかりに、悲惨な結果をむかえるという「挫折者」の大群もつくりだした。

その蹉跌《さてつ》の第一歩は、貧しい親が、なにはともあれ学歴が大事と、爪に火を灯すようにして貯めた金で、子供をコレージュ（公立ないしは私立の八年制高等中学）やリセ（国立の八年制高等中学）にやり、バカロレアを受けさせたところから始まる。これが、人生設計を誤るもととなる。

モーパッサンは「役人」というエッセーの中でこんなことを言っている。

「ジュール・ヴァレスの次のような献辞をわたしは深く愛する。『ギリシャ語とラテン語を糧として与えられ、飢えで死ぬ者すべてに献ぐ！』」（バルザック『役人の生理学』に収録、拙訳、新評論）

モーパッサンがここで引用しているジュール・ヴァレスの献辞とは、ヴァレスの代表作である『ジャック・ヴァントラス』三部作の第二部『バカロレア合格者』の冒頭に揚げられたものである。『ジャック・ヴァントラス』はヴァレスの自伝的作品で、その献辞の通り、変に高学歴を身につけてしまったがために、商人にも労働者にもなれずに、復習教師や下っ端役人、小新聞のジャーナリストとして赤貧に甘んじるほかはないインテリの悲惨、俗に「黒服の悲惨」と呼ばれる悲劇を描いた傑作であるが、注目すべきはこの「黒服の悲惨」がすでに親の代から始まっていることである。

＊

ヴァントラス（＝ヴァレス）の父親は田舎町のコレージュの貧乏な「復習教師 répétiteur」だった。そして、のちにヴァントラス自身も、自分が忌みきらっていたこの復習教師となってしまう。

そう、復習教師。この復習教師こそは、十九世紀の社会で、ラスティニャック神話の対極に位置する「黒服の悲惨」を象徴する存在である。そして、ラスティニャック神話はとうに消滅したが、復習教師の「黒服の悲惨」は現在もなお、オーバー・ドクター問題へと形を変えて続いている。なまじ、人より勉強ができたため学問に人生を捧げる気になって、モラトリアムに生き、その結果、教育・受験システムを最低辺で補完する歯車になりさがってしまったかつての秀才、それが復習教師である。

では復習教師とは具体的には、どのような職業なのだろうか。

＊

それを知るにはまず、十九世紀フランスの中等教育の説明から始めなければならない。十九世紀の中等教育は、国家の直接的管轄下に置かれたリセと、市・町・村立の（あるいは私立の）コレージュによって担われていたが、どちらも基本的には八年制の高等中学であり（現在では中等機関はすべて国立の七年制で、前期をコレージュ、後期をリセという）、ラテン語・ギリシャ語、数学、歴史、修辞学、哲学などの古典的教養主義の教育が中心だった。つまり、実業教育とはまったく別体系のエリート教育機関であり、ここを出たからといって職業人として生きていくための専門的知識が得られるわけではない。頭の中に詰め込まれるのは実社会ではクソの役にもたたないラテン語・ギリシャ語・数学・修辞学などのアクロバティックな知識だけである。

ここが、復習教師の「黒服の悲惨」を理解するうえで重要な点である。なぜなら、将来「黒服の悲惨」を味わうことになる彼らは例外なくこうした役に立たない学問の秀才だったからである。すなわち、リセやコレージュの学科が出来過ぎた彼らはバカロレアに合格したあとも、秀才だったという自尊心が強すぎて、弁護士や公証人あるいは医者という凡俗の路を歩めず、文学部か理学部に登録する。将来は大学教授か、それがだめでもリセかコレージュの教師になって自分の好きな学問で身を立てたいと願ったからである。一八六二年発行の『実用生活事典』によれば、文学部と理学部をもっている大学はパリほかリヨン、ボルドー、モンペリエなどの十六都市にあったから、こうした学校秀才を受け入れる施設はそれなりに機能していたのだ。

さて、文学部と理学部に登録した我らが秀才たちは、それぞれ、そこで次の段階の学士資格licenceを目指すが、大学生となると誘惑もいろいろと多いから、リサンスを取るに至らぬ者も出てくる。また、これを取得したからといって、いきなり教授になれるわけではない。教授になるには、教授資格試験 agrégation に合格しなければならない。この教授資格試験は現在でも存在していて、受験資格は多少異なるものの本質的には同じである。ちなみに一八六二年における文学教授資格試験の受験資格は、「文学学士資格を有し、二十五歳以上で、五年間の教育経験を経た者」とある。ただし、高等師範学校 École Normale Supérieure の卒業生は教育経験は一年だけで、年齢は二十五歳以下でもよい。博士号 doctorat 所有者は教育経験は二年で済む。「上級復習教師 maître-répétiteur」の資格でリセやコレージュで過ごした年月も、五年の教育実習に換算される。

これらの記述から判断するに、リセやコレージュの教授になるには、高等師範学校の卒業生以外は、リサンスを取ったあと、最低五年は復習教師をやらなければならない計算になる。しかし、もし、復習教師というものが、ここにあるように教授へと通じる教育実習期間なら、それほど問題はないはずだ。

ところが実際には、そうではないのである。つまり、復習教師と教授との間には、現在の日本の准教授と教授との差などとは本質的に異なる極めて大きな溝があり、この溝を越えることは容易なことではなかったのである。

*

教授と復習教師およびそれ以下との差、それは中世の職人の親方と見習いの差に等しかった。そして、それは復習教師という身分に、きわめて大きな幅があったことからきている。

「黒服の悲惨」

『実用生活事典』によれば、同じ国立のリセの復習教師でも、低学年の担任をしたり、高学年で教授の代講をつとめる「上級復習教師 maître-répétiteur」と、自習時間に生徒の監督をしたり質問に答えたりする「見習い復習教師 aspirant-répétiteur」の二種類があり、前者はさらに「第一級上級復習教師 maître-répétiteur de première classe」と「第二級復習教師 maître-répétiteur de deuxième classe」にわかれる。

いっぽう、公立・私立のコレージュの場合は、見習い復習教師は「自習監督 maître d'étude」と呼ばれた。世間一般でも見習い復習教師という言葉はあまり使われないので、以下、リセの見習い復習教師は便宜上、自習監督と呼ぶことにする。

第一級上級復習教師になるには、通常ならば第二級上級復習教師を五年、しかもそのうち三年を連続して同じリセかコレージュでつとめなければならない。また第二級上級復習教師になるには自習監督を一年以上つとめる必要がある。

思うに、この復習教師・自習監督制度の問題点は、復習教師・自習監督になる資格がきわめて緩く、十八歳以上で、バカロレアに合格していれば、学士の資格をもっていなくともいいということにあった。場合によっては、十七歳でコレージュの自習監督になったアルフォンス・ドーデのようにリセの修辞学年を終えただけで、バカロレアにさえ受かっていないケースもある。『実用生活事典』には公立・私立のコレージュの自習監督になるにはバカロレア合格者でなければならないとあるが、コレージュの場合、運用はかなりルーズだったのだろう。いずれにしろ、このハードルの低さが問題なのだ。

つまり、ハードルがリサンス取得者程度まで高ければ、はじめからエリートしか集まってこない。

ところが、ハードルが低いため、エリートもいれば非エリートもいるという二重構造になる。すなわち、かたや、ノルマリヤンや学士がいるかと思うと、もう片方には、ドーデのように初めから大学進学をあきらめた者、あるいはせっかく初志を貫いて文学部や理学部へ進みながら怠け癖や貧困が原因でリサンスの取得にまで至らなかった者、はたまたヴァレスのようにエコール・ノルマルへの進学を目指しながら左翼運動に飛び込んで学業を放棄してしまった者、さらには法学部や医学部の雰囲気になじめず退学してしまった者、ようするに、リセやコレージュの大秀才でありながらバカロレア以上の資格を取るのに挫折したものがいる。この二重構造こそが問題なのだ。

とりわけ後者の、気がついてみればラテン語とギリシャ語を知っている以外は何の取り柄もない高学歴無能力者が「黒服の悲惨」の予備軍となる。もちろん、彼らでもコネがあれば、ユイスマンスやモーパッサンのように役所にもぐり込むことも可能だろう。しかし、コネがなければ復習教師・自習監督以外に生きる道はない。ひとことでいえば、バカロレアを取っていれば、復習教師・自習監督にだけはかろうじてなれるというこのハードルの低さが、復習教師・自習監督の身分の低さと低賃金を招き、同時に心理的な面での「黒服の悲惨」を生み出すのだ。

復習教師・自習監督となるような人間は例外なくかつての秀才で、強い自尊心をもっている。にもかかわらず、最初に与えられる自習監督という仕事はやかましくわめきたてる子供たちを無理やり、ときには暴力を使ってでも黙らせるという監獄の看守に等しいもので、いささかも自尊心の満足にならない。それどころか教授からは蔑まれ、生徒たちからは激しく憎悪され馬鹿にされる惨めな立場にある。ドーデの自伝的作品『プチ・ショーズ』にはこの自習監督の「黒服の悲惨」がいやというほど描かれている。

「彼等はすぐに僕を憎んだ。僕がどういう人間かわかりもしないで。僕は、彼等の敵だった。――自習監督。そこで、僕が椅子についた日から、僕たちの間には戦争が始まった。激烈な、休む間もない、四六時中の戦争だ。

ああ！　残酷な子供たち、どんなに彼等が、僕を悩ましたことだろう！［…］

いや、たとえ百年生きようと、自習監督ダニエル・エーセットは、中級科を受持ったあの悲しむべき日以来、サルランドの中学で受けた苦痛は、何一つ、けっして忘れはしないだろう」（ドーデ『プチ・ショーズ』原千代海訳、岩波文庫。訳文の「生徒監督」を「自習監督」に変更）

ドーデは、この引用の中略した部分で、自習監督にとってはこれほどの屈辱と苦痛であった「いじめ」も、大人になった生徒たちにとっては楽しい思い出でしかないと語っているが、この大人になった生徒の側から自習監督のことを描いているのが『フランス人の自画像』の「自習監督」の項を担当しているウージェーヌ・ニオンである。ニオンはあの陰険だった自習監督が、実際にはいかに同情すべき哀れな存在であったかを強調している。

それによると、自習監督はまず朝一番で起きて、寄宿生を起こし、身繕いをさせ、自習をさせ、「静かにしろ！」と怒鳴り、罰を与え、大いに恨みを買い、食堂に生徒を引率して食事をさせ、就寝させ、そして、ようやく自分も眠ることができるが、これらはすべて学校の鐘の合図のもとに進行するから、彼は「鐘の奴隷」でしかない。唯一の慰めは休み時間と休日に外出することだが、それさえも、帰校の門限で制限されたシンデレラの自由である。「自習監督にとって、日々これ新たなりという諺は偽りである。日々これ同じである。彼は昨日したことを今日もするだろう」

そこでニオンは問う、どうしてこんな希望のない職業を選ぶ奴がいるのか？　一つのグループはあらゆる職業を試したがすべてダメで、自習監督に「しか」なれなかった連中、もう一つは、野心がありながら口を糊する必要から、とりあえず自習監督に「でも」なっておくかと考えた連中。ひところ、日本でも話題になった「でも」「しか」教師である。

しかし、そんな彼らでも、いつかは自習監督から復習教師に、そして、リサンスを取り、アグレガシオンに合格して教授に！と夢を抱いている。そうしているうちは、まだいい。プチ・ショーズも始めはそう考えて、一生懸命ギリシャ哲学を勉強していた。だが、やがて、その希望も、日を追うごとに薄らいでゆく。なぜか？　それは、自習監督からキャリアを始める鈍行列車では、永遠に目的地につかないことがわかってくるからである。

さきほどの『実用生活事典』の記述をここでもう一度思いかえしてみよう。すなわち、バカロレア資格だけで自習監督から始めた場合、第一級上級復習教師に昇進するには、自習監督を最低一年つとめてから第二級上級復習教師を最低五年、都合六年以上を継続的につとめなければならない。そして、そこからさらに教授を目指そうとしたら、暇を見つけてリサンスを改めて取得したうえで、第一級上級復習教師を五年つとめることが必要だ。つまり、運よくリサンスが取れたとしても、この鈍行コースでは十一年復習教師をやって、しかもアグレガシオンに合格しなければならないのである。リサンスを早めに取れば、鈍行コースが急行コースぐらいに短縮されることはあるが、自習監督をやっていたのでは勉強の時間も取れないから、列車の乗り換えはむずかしい。ひとことでいえば、自習監督からキャリアを始めたのでは、よほどの努力の人でないかぎり、教授になることはまず無理だと見ていい。自習監督は、せいぜい頑張ってみたところで復習教師にしかなれないのである。このノン・キャリア組の閉塞状況が「黒服の悲惨」を一層耐え難いものにする。

＊

復習教師・自習監督制度のもうひとつの問題点は、こうしたノン・キャリア組の鈍行コースと平行して、エリートのための特急・超特急コースがあったことである。たとえばリサンスがあれば、自習監督を経ずに第二級上級復習教師を一年つとめただけで第一級上級復習教師になれたし、アグレガシオンの受験資格も、上級復習教師を合計五年ということだから、第二級上級復習教師を一年、第一級上級復習教師を四年つとめるだけですんだ。また、ノルマリヤンの場合はいきなり第一級上級復習教師で、それも一年だけでよく、さらにエコール・ノルマルの最終学年で優秀な成績を取れば、これさえ免除になるのである。

ようするに、一口に復習教師といっても、そこには乗り換えがきかない鈍行コースと特急コース・超特急コースという、画然と分かれた二つのコースがあって、かたや、永遠に復習教師、かたや、いずれは教授様というまったく別種の人生が用意されていたのである。

*

しかし、たとえ、鈍行コースの復習教師・自習監督がいくら希望のない職業だとしても、少なくとも給料がそれほどに悪いものでなかったら、惨めさはいくらかでも軽減されるだろう。だが、惨めさと給料が反比例する職業というのはこの世ではそれほど多くはない。復習教師・自習監督もこの伝にもれず、給料は惨めさと正確に比例していた。

では、復習教師・自習監督の給料はどのくらい低かったのか。『実用生活事典』には、復習教師・自習監督の給料は出ていないが、リセやコレージュの教授職の給料は出ている。パリとヴェルサイユ地区の教授職の最高が年収四五〇〇フラン、最低が一二〇〇フランである。ちなみに、この最低の給料は十九世紀前半の下っ端役人の給料とほぼ同じである。

ここから考えると、復習教師の給料は第一級上級復習教師でも一二〇〇フラン以下ということになる。自習監督に至っては、語るも涙の物語だろう。ニオンは「自習監督」の中で、自習監督の給料は「月額四十フランから五十フラン」と書いているから、年収にすると、四八〇フランから六〇〇フラン、廃品回収業者にも劣る金額である。それでも、なんとか生活してゆくことができるのは、彼が生徒と一緒に寄宿舎に住み、学校食堂で給食を食べているからにすぎない。

そのため、復習教師・自習監督は、ブルジョワとしての体面を保つために絶対に欠かすことのできない黒服、より具体的にいえば、黒い燕尾服や黒いフロックコートを新調することができない。なぜなら、十九世紀の前半には、燕尾服もフロックコートも既製服というのはほとんどなく、あつらえが

原則だったからである。その結果、我らが復習教師・自習監督は、リセやコレージュに就職したそのときから、何年も同じ黒服の着たきり雀ということになる。『フランス人の自画像』で、そのものずばりの「黒服の悲惨」の項を担当したバルテルミー・モーリスはこう書いている。

「不幸な復習教師は擦りきれた黒服を着ている。なんとならば彼は本を買うために、黒服を買う余裕がなく、しかも今着ている黒服もほとんど払いがすんでいないからである」

「帽子女工のエプロンの下には貞操が、食料品屋のハンチングの下には機知があるかもしれないが、擦り切れた黒服の下には常に同じものしかない。不完全な教育、挫折した人生、怠惰、悪徳、そして貧困である」

それでも、「黒服の悲惨」にあえぐ復習教師の息子であるジャック・ヴァントラス＝ジュール・ヴァレスは、コレージュでラテン語やギリシャ語を頭に詰め込むほかはなかった。それしか、階級離脱の方法がなかったからだ。

こうして、「黒服の悲惨」は今日まで、延々と続くことになるのである。

9　パンシオン様々

フランス語で、正確にイメージのつかめないものの一つに«pension»という言葉がある。仏和辞典には「年金、手当、食事付宿泊、寄宿、寄宿舎、寄宿学校、下宿屋、寮」などという訳語が出ているが、どれも、さまざまに枝分かれした末端の言葉にすぎず、その大元にあるもののイメージがわからない。こういう場合には、その語源を見るに限る。

で、さっそく語源辞書を引くと、パンシオンとは、ラテン語の「支払う」という動詞 *pendere* から生まれた「支払い」という意味の *pensio* から来ているという。«pension»とは、一定の金額を毎月あるいは年ぎめ半年ぎめで「支払」って（あるいは支払ってもらって）食と住を確保することがイメージの中核にあるのだ。この点を押さえておくと、上の訳語がそれぞれつながってくる。

十九世紀においては、まず、赤ん坊のときに、ほとんどの子供が乳母の家に里子に出されるが、これがそもそもパンシオンの始まりである。というのも、赤ん坊の親たちは、一定額の養育費を乳母に「支払う」ことで、赤ん坊に、乳という糧と揺り籠という寝る場所を与えるからだ。

子供が少し大きくなると、親は子供を寄宿学校に預ける。男の子はリセかコレージュの、女の子は女子修道院の、それぞれ寄宿寮に入れられて、十七、八まですごす。この場合も、親は食事代、寮費、授業料をパンシオンとして支払う。

次に、息子が大学に入ると、親は生活費を仕送りしてやらなければならない。この仕送り自体もパンシオンと呼ばれる。また、仕送りを受けて、学生が暮らす賄い付き下宿もパンシオンだし、「賄い料プラス下宿代」のこともパンシオンである。

「下宿屋〔pension〕は学生街カルチエ・ラタンと貧民街フォーブール・サン＝マルソーに挟まれたヌーヴ・サン＝ジュヌヴィエーヴ通りにあって、ヴォケール館という名で知られていた。男でも女でも、若者でも年寄りでも、だれかれとなく差別せずに受け入れていたが、それでいて、好ましからぬ噂が立ったためしはなく、まっとうな宿としての評判を得ていた。しかし、それだけに若者たちにはさっぱり人気がなく、この三十年ほど、若い人の姿をついぞ見かけたことがない。だから、若い男がたまたまこの下宿に滞在していたりすると、実家からの仕送り〔pension〕がよほど少ないのだろうと容易に察しがついた」（『ペール・ゴリオ』拙訳）

このヴォケール館にいる学生はラスティニャックただ一人で、あとは、隠退した卸売商人、娼婦あがりの老嬢、元役人、それに戦争未亡人など、いずれも、人生をリタイアーしたあと、こつこつと貯めたわずかな蓄えで、「下宿代と賄い料＝パンシオン」をまかなって日々の暮らしを送っている人々である。すなわち、ヴォケール館のような下宿屋 pension bourgeoise は、独身の青年のパンシオンであると同時に、養老院を兼ねた単身者の老人たちのパンシオンでもあるのだ。

こう見てくると、十九世紀の都市生活者というのは、よほどの資産家でないかぎり、幼年時代、少年（少女）時代、青年時代、それに老年時代と、一生のうちの大半をパンシオンを払って、パンシオンに住むということになる。パンシオンと無縁なのは結婚して独立した家庭をもったときだけである。いや、正確には、独立した生計を営んでいるときでさえも、パンシオンとは無縁ではない。なぜかといえば、老後に安心して暮らせるように、パンシオン（年金）の積み立てに余念がないからである。

十九世紀のフランスの年金制度では、公務員年金、軍人年金、聖職者年金、およびその遺族年金などの天引きによる国家支給年金が《pension》、まとまった金や不動産、あるいは国債を担保にした個人年金が《rente》と呼ばれるが、いずれにしても、働けるうちに稼いだ金で年金を組み立てて老後を送るという発想に変わりはない。いいかたを変えれば、後で受け取るためにパンシオンを「支払っている」わけである。

*

このように、十九世紀の平均的フランス人は、一生のあいだパンシオンと縁の切れない生活をしていたわけだが、これらのパンシオンの中で、フランス文学にしばしば登場するにもかかわらず、辞書などではどうも実態のわからないパンシオンが二つほどある。

ひとつはリセやコレージュなどの寄宿寮とよく似てはいるが、制度的にはまったく別のパンシオンである。このパンシオンは、文学者の年譜などを眺めていると必ず出てくる。たとえば、バルザックの年譜を見てみると一八〇七年に八歳でヴァンドームのオラトリオ修道会の全寮制コレージュに入学したが、一八一三年には健康を害して退学、一八一五年からパリのルピートル学院（institution）とガンセール学院というパンシオンに入ってバカロレアを取ったとある。

ヴィクトル・ユゴーも同じころ、パリのコルディエ学寮（pension Cordier）に兄のウージェーヌとともに入寮している。

これらの学寮や学院は、たしかに、リセでもコレージュでもないただの私塾だが、これを私塾と訳して日本の塾のイメージで裁断してしまうと、大きな誤解のもとになる。

なぜなら、これらの受験目的の私塾の多くは、子供たちをあずかって勉強させるばかりか、二十四時間共同生活させる全寮制の私塾だからである。つまり食事代と寄宿料を含めたパンシオンが必要な私塾なのである。学校関係の話の中で、ただ《pension》というときには、普通、この受験パンシオンを指す。

では、いったい、なんのために、これらの受験パンシオンがあるのか？　もちろんバカロレア合格のためである。

これは、われわれがフランスの教育制度について考えるさい特に頭に入れておかなくてはならないことだが、フランスは、高校「卒業」が問題となる日本のようなシステムではなく、バカロレアという「大学入学資格」のシステムを採用している国である。そのため、バカロレアにさえ受かれば、リセやコレージュに行かなくてもいっこうにかまわないのだ。

パンシオンの経営者

しかし、まったくの独学というのはやはり難しいらしく、多くの少年はバカロレアの受験をめざす私塾に入塾することになる。バルザックやユゴーが入っていたのもこうしたバカロレア受験パンシオンのひとつである。

これらのパンシオンの規模は小さく、数人からせいぜい数十人程度、リセやコレージュと同じく、十歳前後の子供から十七歳くらいまでの少年をあずかって教育をする。たいていが全寮制だが、自宅通学を認めるところもある。また、なかには在学したまま有名リセに聴講に出掛ける子供もいる。要はバカロレアに受かればいいので、カリキュラムはかなり流動的なのである。

全寮制を採用しているのは、そのほうが目が届きやすいということもあるが、実際には経営的な面でこのほうが有利だからである。

経営者はリセやコレージュの元教員で、教授への道をあきらめた復習教師あがりが多い。妻の持参金を元手に受験パンシオンを始めたものがほとんどで、教育は亭主が、料理および掃除その他は妻が、それぞれ受け持つ家族経営である。多少規模の大きいところは、各学年にアルバイトの復習教師を雇っている。

『フランス人の自画像』の「受験パンシオンの経営者」には、この手の受験パンシオンの内情が詳しく描かれている。それによると、パンシオンが繁盛するのは、子供を甘やかす親たちが、リセやコレージュの寄宿寮の厳しい規律や不潔さ、それに陰湿なイジメの話を伝え聞いて、恐れをなし、パンシオンなら、そうしたものがないと思い込んで子供を連れてくるからだという。しかし、パンシオンの実態はなんともお粗末なもので、経営者は、たいていが金のことしか考えていないガリガリ亡者である。

「パンシオンの経営者にとって、騙すことは生きることである。騙さないことは死ぬことである。この生と死のおそるべきジレンマにおいて、選択はすでに決まっている」（エリアス・ルニョー「受験パンシオンの経営者」）

要するに、子供の数がそろわなければ経営が成り立たないので、パンシオンの経営者は、「利発そうなお子さんだ、ぜひ預からせてください」などといって親をおだてたり、親がほしがるような教育方針やカリキュラムをお好みしだいでいかようにも述べ立てて、生徒数の確保に努める。「偽善を非難してはいけない。それが彼の存在の条件なのだ」。その結果、パンシオンには規律もなければ一環した教育方針もなく、寮生たちはほったらかしの状態に置かれる。

「モワソン氏のパンシオンの案内書には肉体と精神の健康について美辞麗句が並べ立ててある。だがパンシオンの中では、肉体にはろくな栄養が与えられず、精神はもっとひどい仕打ちを受ける。それにもかかわらず、彼の教室は生徒であふれ、大寝室も満員の盛況である。それは彼が、母親たちの突飛な考えや思いつきをしっかりと研究し、類いまれな巧みさでその考えや思いつきに迎合してみせたからである」（同書）

しかし、こんな調子では、バカロレアに合格するものがいないのではないか。心配ご無用、モワソン氏はちゃんと手は打ってある。

モワソン氏は毎年新聞に発表される全国学力コンクールの上位入賞者のリストを研究し、その中に、家庭の貧しい生徒がいると、千里の道を遠しとせずにその子供の家を訪れて、自分のパンシオンの無料給費生として預からせてもらえないかと申し出る。この申し出が拒否されることはまれである。なぜなら、両親も、子供の養育費がただになれば楽になると思っているからである。

「かくして、アカデミックなコンクールの汚れなき栄光がこの若き勝者には束縛の鎖となる。パンシオンの経営者は彼の成功を掠めとり、徹夜の努力を騙しとる。ローマの奴隷と同じく、優秀な生徒はみずからの勉学のすべての成果を主人のために捧げなければならない。こうした経営手腕の巧みさにより、モワソン学院は受験戦争の輝かしき勝者となる」（同書）

本当に、日本の受験業界も顔負けのこんなスカウト合戦が行なわれていたのだろうか？　答を知りたい人はジュール・ヴァレスの『ジャック・ヴァントラス』を読むといい。まさしく、このモワソン学院と同じ手口がまかり通っていたことを知るだろう。

人妻との姦通事件を起こしてナントのリセにいられなくなったヴァントラスは、リセの校長の義兄が経営するパリの受験パンシオンの一つルニャニャ寮に、コンクール用の外人部隊として雇われる。ところが、ただ飯を食わせてやっているという態度の経営者にうんざりし、パレ・ロワイヤルで遊びほうけているうちに、成績が急降下してしまう。

「彼らはみんな高い寄宿料を払っている。わたしは割引きで入れてもらっていたので、ぜひとも賞を獲得しなければならなかった。ところがいっこうに賞にありつけず、そのうえ飯だけはたらふく食

う有様なのだ」（ヴァレス『ジャック・ヴァントラス』谷長茂訳、中央公論社）

もちろん、こうした受験パンシオンのすべてが外人部隊を雇い入れたりするようなひどいところとはかぎらない。フロベールの『初稿感情教育』に登場するルノー氏のパンシオンは、バカロレア受験生ばかりではなく、主人公アンリのような大学生やグラン・ゼコールを目指す受験生も下宿している非常にレベルの高い受験パンシオンである。ルノー氏はわずかに五、六人の学生しか寄宿させず、勉強もしっかりと見てやっている。

そればかりか、このパンシオンは、建物や部屋、家具調度なども立派で、清潔で家庭的な雰囲気を保っていた。また、ルノー氏の夫人のホステスぶりも見事で、パンシオンとしては申し分のないところだった。もっとも、そのせいで、アンリはルノー夫人に恋をして、最後は二人で駆け落ちしてしまうことになるのだが。

＊

このように同じ受験パンシオンでも、良家の大学生相手のところは、寄宿寮というよりも、高級下宿屋に近い格式と風格を備えている。そして、こうした高級下宿になると、勉強ではなく、女主人の客あしらいのうまさと、料理の質が売り物になってくるが、この段階だと、それはもう受験パンシオンとは呼ばず、別の言葉を用いるようになる。さきほど、『ペール・ゴリオ』のところで話題になったパンシオン・ブルジョワーズである。

パンシオン・ブルジョワーズというのは、受験生用のパンシオンと間違えられないように、「簡素ながら質のいい」というようなニュアンスで「ブルジョワーズ」という形容詞をつけた賄い付き下宿である。

ところで、これは『馬車が買いたい！』でも書いたことだが、建物や施設ではなく、寄宿代、下宿代としてのパンシオンについて言う場合、厳密には、パンシオンという言葉は、部屋代ではなく賄いの食事代のほうを指す。だから、prendre une chambre sans pension（賄いなしで部屋だけ借りる）とか、あるいはprendre une chambre avec demi-pension（朝食つきで部屋を借りる）という表現がなりたつのだし、また反対に、部屋を借りずに食事だけの人を、pensionnaire externe（外部生）などというのである。

バルザックは、ヴォケール館には、部屋も借りている下宿人pensionnaire interne（内部生）七人のほかに、月三十フランのパンシオンを払って夕食だけを食べにくるこのpensionnaire externe（外部生）が十一人いると書いているが、この金額だけでも、月に三三〇フランになる。これは、ヴォケール館の下宿人七人の賄いこみの下宿代が総計で月に四三五フランでしかないことを考えると、意外に大きな金額であり、ヴォケール館が、下宿屋としてよりも、賄い食堂として営業されていることのまぎれもない証拠となっている。

＊

この賄い食堂としての要素がより前面に出たパンシオン、それがさきほど実態のわからないパンシオンとしてあげた二つ目のもの、ターブル・ドット table d'hôte である。ターブル・ドットは、レス

ターブル・ドット

トランと異なり、各人が好きな料理を注文することができず、全員が決まった時間に決まった料理を取るところに特徴がある。

高級なターブル・ドットは一回の食事で六フランというから、中級のレストランの四フランなどよりもはるかに高い。そのかわり、料理はうまく、十フランの価値はある。四十がらみの女主人もエレガントで、波瀾万丈の身の上話を繰り返す場合でも、会食者の趣味や地位によって、巧みにエピソードを変えたり細部を変更するので、だれも退屈しない。

「マダム・マルタンは多くを観察し多くを学んでいる。彼女は数か国語を話し、数か国の国民の風俗をしっかりと研究している。ながいあいだ親しんだ本のように人間の心を知悉している」（『フランス人の自画像』所収、オーギュスト・ド・ラクロワ「ターブル・ドットの女主人」）

会食者もマダムのレベルに見合って、ほとんどが、元高級役人や元将軍、隠退した株式仲買人などの懐具合のいい年寄りばかりである。若い男はめったにいない。ただ、不思議なことに、若い女が何人か会食者の中にまじっている。どの女も非常に美しく、コケットな感じがする。

食事のあとは、サロンに移って、賭け事に興じる。おかげで、二十五ルイ（五〇〇フラン）などいっぺんになくなってしまう。たまたま、大儲けしたりすると、女たちが興味を示して、帰りの馬車のなかに同乗してくる。ようするに、金持ちの老人相手の高級娼婦が、こうしたターブル・ドットには出入りしているのである。

これとは反対に、五十スー（二・五フラン）から三フラン程度のターブル・ドットでは、女客の姿はほとんど見かけないし、会食者の年齢も若い。小新聞の記者、遺産を相続したばかりの田舎者、独身の卸売商人、中級役人、それに外国人旅行者などがおもな客層で、高級ターブル・ドットとはちがって、一見の客はほとんどいない。サロンではしばしば熱っぽい議論に花が咲くことがある。トランプはあっても賭博は行なわれず、当然ながら娼婦もいない。この中級レベルのターブル・ドットでは、食事ばかりではなく、下宿も提供されていてパンシオン・ブルジョワーズと名乗ることも多い。マダムも三十前後で笑顔ときびきびした身のこなしが売り物である。

ここからさらにさがって、二十五スーのターブル・ドットになると、これはもう市門付近に行かなければ見つからない代物である。これといった共通点がないかわりに、一軒一軒に強烈な個性がある。無名の文人や芸術家、破産した投機家など、ありとあらゆる種類の貧乏人が集まっている。会食者に女が交じっていることも少なくない。この女たちは「ハエ mouche」とあだ名され、男たちからちやほやされている。もちろん、低級な娼婦たちである。料理の質は期待するだけ無駄である。

このクラスのターブル・ドットでは、女主人はマダムというよりも女将さんといったほうがいい。「彼女の動作はせわしなく、その仕草は刺々しい。体の形はきつくて短いドレスの下で鋭角に浮き出ている。イライラとした不機嫌な態度が、いつも斜めになっている視線によく出ている。笑顔にも苦々しさが残り、丸い目の黄ばんだ角質には押し殺された怒りがあらわれている」（同書）

なるほど、これなら、まだヴォケール夫人のほうがましかもしれない。ヴォケール館というのは、バルザックの描写からわれわれが連想するほどひどいパンシオンでは決してないのである。

10　年金生活者の栄光と悲惨

バルザックの時代の小説で理解しにくいものの一つに年金の話というのがある。前章でも少し触れたように、年金と訳されている言葉には«rente»と«pension»の二種類があり、この区別が日本人には分かりにくいからである。

まず、日本でいう年金とは、«rente»ではなくむしろ«pension»であることを確認しておこう。すなわち、働けるうちに天引きで定期的に一定額を労働金庫のようなところに預け、それに利息を加えたものを隠退後に受け取る日本の国民年金や厚生年金・共済年金は、フランスなら、退職年金（pension de retraite）、老齢年金（pension de vieillesse）あるいは公務員・軍人の恩給（pension d'ancienneté de service）に当たる。

ならば、«rente»とは具体的にどのようなものをさすのか？　この場合も«pension»と同じく、語源を押さえておくとわかりやすい。すなわち«rente»とは、ラテン語で「返す」を意味する*rendere*から派生した語で、「土地や財産などから得る定期的収入」が原義である。つまり、土地や家作・有価証券をもっていると、それが定期的に地代や家賃、金利や配当などを「返してくれる」というわけである。この意味をしっかりと頭に入れておくと、派生的な意味が理解しやすい。

まずわかりやすいところで、«rente»の「国債」という意味から行こう。国債とはようするに、個人が国家に現金を貸し、代わりに受け取る利付きの証券のことである。似たような単語に«emprunt»というのがあるが、こちらは公債も含んだもうすこし広い意味の言葉である。

国債 rente が《人間喜劇》の年金生活や年金生活者などを扱った文脈で必ず出てくるのは、当時はまだ、日本の定期預金に相当する貯蓄金庫 caisse d'épargne が制度的にしっかりと確立されておらず（設立は一八一八年だが機能し始めたのは一八三七年から）、国債だけが確実に利息を手にすることのできる貯蓄法だったからである。十九世紀には、国債の利率はよほど不景気な時を除くと、ほぼ五％に張り付いていたから、金利生活者にとっては、けっして悪い利回りではなかった。たとえば、蓄えが二万フラン（約二〇〇〇万円）ある人は、これで国債を購入すれば、毎年一〇〇〇フラン（約一〇〇万円）の利息を受け取ることができる。ラスティニャックの仕送り額は一二〇〇フランだから、この程度の生活は確保できたことになる。

しかし、«rente»には、これとは別に個人年金の意味もあるからややこしい。

たとえば、『ペール・ゴリオ』の最後で、ゴリオが残った財産を整理して、末娘のデルフィーヌとラスティニャックのためにアパルトマンを買って愛の巣を構えさせてやる場面で、ゴリオはどうやって金を工面したかをこう説明する。

「そこで、考えた。よし、年利一三五〇リーヴルの永久国債を売ろうと。売った金のうち、一万五〇〇〇フランで、抵当権のしっかりついた一二〇〇フランの終身年金を買っておいてから、残りのお金でおまえの買い物の払いを済ませたんだよ」（拙訳、前掲書）

ここではとりあえず、内容を斟酌して「年利一三五〇リーヴルの永久国債」と訳したが、原文では、この部分は«mes treize cents cinquante livres de rente perpétuelle»とあるだけで、どこにも「年利」などという言葉はない。「リーヴル」はたしかに年金などに使う貨幣単位だが、これはアンシャン・レジーム期にフランの代わりに用いられていた単位にすぎず、「年利」を含んだニュアンスではいささかもないから、これを「一三五〇リーヴルの永久国債」と訳してしまってもしかたがないところである。

また「抵当権のしっかりついた一二〇〇フランの終身年金」は、«douze cents francs de rentes viagères bien hypothéquées»であるが、これだけを眺めていたのでは、こちらには「年利」という言葉を添える必要がないことはわからない。

いきなり細かい話で恐縮だが、いったい何を言いたいのかというと、ようするにrente perpétuelle（永久国債）やrentes viagères（終身年金）といった言葉の実体を知らないと、正確な訳ができないばかりか、ときに物語の内容までつかみそこなってしまうということである。なぜなら、ゴリオがこの部分でデルフィーヌのためにしたことの意味が正確に理解されていないと、どうしてゴリオの奔走が後々、彼の命取りになるのかがわからなくなるからである。

＊

では、まず「永久国債 rente perpétuelle」とは何かという問題から片付けることにして、例によって一八六二年発行の『実用生活事典』を引いてみると、「永久国債」とは、その名にもかかわらず「永久」に償還されない国債のことではないと出ている。それどころか、永久国債とは逆に、債務者（国）が買い取り（償還）を希望したときには、いつでも償還が可能な債券なのだそうだ。では、どこが「永久」なのかというと、これは発行から償還までの期限があらかじめ定められた有期限国債とは異なり、発行者である国家がその必要を感じるまでは償還義務を免れる無期限国債という意味での「永久」なのである。わかりやすくいうなら、借金をした人（国）が、元金の返済はこちらにその能力ができたときという「ある時払いの催促なし」という条件で、利息だけを払い続ける制度である。

これは、国家にとっては「永久」に償還を繰り延べることができるという利点がある。しかし、それは金融市場が安定していた十九世紀だからこそできたことで、相場が日々変動する二十世紀では不向きである。おまけに償還のメドを立てずに多用する恐れがあるため、最近ではあまり利用されないようである。

しかし、国債の購入者からすると、この「永久国債」は、国家がよほど金余りの時でないかぎり償還要求はしてこないので、それこそ半永久的に利息を受け取ることができる。もちろん、元金が必要になれば、国債市場で売りに出すことは可能だから、買うのだったらこの「永久国債」に限るというわけである。

なお、フランスでは、国債というのは、元金ではなく、利息の金額で表示する。たとえば、「五十フランの永久国債 50 francs de rente perpétuelle」といえば、それは額面が一〇〇〇フランで利息がその五パーセント（五十フラン）付く国債のことを指す（当時は国債の証書は額面一〇〇〇フランが普通だったようである）。この利息のことを年金と訳すこともあるので、混同が起きるのである。

以上のことが頭に入ると、«mes treize cents cinquante livres de rente perpétuelle» というバルザックの表現がよくわかるようになる。つまり、これは利率五分で利息（年金）が一三五〇リーヴル（フラン）付く永久国債ということであるから、額面換算すると、一三五〇÷〇・〇五＝二万七〇〇〇フラン（二七〇〇万円）の永久国債をゴリオは所有していたことになる。二人の娘にさんざんに絞り取られても、まだこれだけの財産はあったのだ。

もっとも、ヴォケール館に引っ越してきたばかりのときには、ヴォケール夫人がこっそり盗み見たところによると、ゴリオは八〇〇〇フラン（八〇〇万円）から一万フラン（一〇〇〇万円）の利息をもたらす国債証書をもっていたというから、逆算すると国債の額面は一六万フラン（一億六〇〇〇万円）から二〇万フラン（二億円）になる。娘二人に、それぞれ額面一〇〇万フラン（一〇億円）、利息（年金）五万フラン（五〇〇〇万円）の国債を持参金として与えた上になおこれだけの蓄えがあったのだから、ゴリオはたいした金満家だったのである。

＊

«rente» の第二の意味は、文字通り「年金」というものである。たとえば、ある金持ちが遺言状を書くとき、長年世話になった家政婦に一〇〇〇フランの年金を遺贈するというような場合には、この《rente》という言葉を使う。そして、それはとくに断りがない限り、その家政婦が死ぬまで続く終身年金である。

ところで、この「終身年金 rente viagère」という言葉、フランスではたんに死ぬまでもらえる年金というのとはちがう意味で使われることがある。現代のフランスの新聞などでも、ときどき埋め草として取り上げられる。なぜかというと、この rente viagère が昔から一人の人間の寿命を巡る賭けになっているからである。

たとえば、ここに土地や建物がありながら、遺産相続人がなく、しかも日々の生活費に事欠くような老人Aがいるとしよう。その老人Aは、土地や建物を担保にして、新聞広告などで、終身年金を払ってくれる若い人Bを募集する。これがフランス流の終身年金 rente viagère という制度である。終身年金の額は、担保物件の評価額およびAの年齢を基準にして、双方の交渉で決められ、公証人を介して契約書を交わす。支払いを引き受けたBは、Aが亡くなるまで年金を支払い続けなければならない。もし、Aが早く死ねば、Bはわずかな額で土地や建物を手に入れることができるが、逆にAがなかなか死なないとBは担保価値を越えた金額を支払わなければならない。それどころか、AのほうがBよりも長生きしてしまうようなケースもある。だから、賭けになるのである。

この終身年金はまた、不動産ではなく国債を担保とすることもできる。一例をあげると、五分永久国債を所有している身寄りのない人Cがいるとする。Cはこのままだと毎年五パーセントの利息（年金）を受け取ることができる。国債を売ってしまえば大金は手に入るが、もう利息は受け取ることができないので、長生きした場合は貯えを食いつぶす恐れがある。こういうときには、国債を担保にして、応募してきたDに対して、終身年金の設定を行なう。つまり、国債を終身年金に変換すると、国債の利息よりも多くを受け取ることができるが、Cが早めに死んでしまったら、担保に入れた国債はDのものになる。逆に、長く生きたらCは国債の額面と利息を合わせた以上の金額を受け取ることができるというわけである。

もっとも若いうちから終身年金を設定しようとしても支払いに応募してくる人間はいないから、終身年金は平均寿命に近い人間でなければ設定はできない。

いずれの場合も、問題は、終身年金の支払い手が信用のおける人物で、契約書通りにきちんと終身年金を払ってくれるかどうかだが、これが不安な場合には年金の支払いを保証する保証人を付けることが必要になる。ゴリオが「抵当権のしっかりついた終身年金」といっているのはこのことだろう。あるいは銀行などが終身年金の支払い手となっていたこともあったのかもしれない。もちろん、どんな場合でも支払いが滞ったら契約は無効になり、支払い人は担保への権利を失う。

では、以上のような知識を踏まえて『ペール・ゴリオ』の先の引用をもう一度読んでみると、どういうことがわかってくるのか？

「そこで、考えた。よし、年利一三五〇リーヴルの永久国債を売ろうと。売った金のうち、一万五〇〇〇フランで、抵当権のしっかりついた一二〇〇フランの終身年金を買っておいてから、残りのお

金でおまえの買い物の払いを済ませたんだよ」(拙訳、前掲書)

ようするに、ゴリオは一三五〇フランの利息の入る額面二万七〇〇〇フランの永久国債を売り、そのうちの一万二〇〇〇フランでデルフィーヌのアパルトマンの支払いを済ませ、残りの一万五〇〇〇フランで「抵当権のしっかりついた一二〇〇フランの終身年金」を設定したのである。一万五〇〇〇フランの永久国債では年に七五〇フランの利息しか入ってこないが、終身年金なら一二〇〇フラン手にすることができるからである。

ところで、こうして終身年金と国債の仕組みがわかってくると、ひとつ注目すべき事実があきらかになる。ゴリオがこの条件で終身年金を設定したということは、これからまだ三十四年以上生きるつもりでいたことを意味する。

なぜなら、以下の方程式を解くと三十四年以上生きない限り、国債よりも終身年金のほうが得にはならないからだ。

一二〇〇×x(年)=七五〇×x+一万五〇〇〇

四五〇x=一万五〇〇〇

x=三三・三三三

ところが、ゴリオがこの終身年金を設定したとたん、姉娘のアナスタジー・ド・レストー夫人が愛人のマクシム・ド・トラーユの借金を払ってやるために一万二〇〇〇フラン必要だといってきたのである。ゴリオの落胆ぶりは激しかった。終身年金は設定したら最後、取り消すことができないからだ。

ゴリオは自分にむかって「娘がいるというのに、終身年金なんか設定して、お前は娘がかわいくないのか」と叫んで壁に頭をぶつけようとしたので、見かねたラスティニャックが助け舟を出し、アナスタジーが必要とする分の手形を振り出してやる。

さて、これでバルザックの小説に出てくる«rente»の理解がだいぶ進んだのではなかろうか。実は、わかってしまえばどうということはなく、年金と訳さなければならない«rente»とは利付き（年金付き）国債と終身年金の二つだけなのである。そして、この二つの年金を受け取っている国債利子生活者と終身年金受領者が、厳密な意味での「ランチエ rentier」なのであり、恩給的な年金 pension を受け取っている元役人や軍人あるいは寡婦の「パンシオネ pensioné(e)」と区別する。

＊

というようなわけで、同じ年金生活者でも、ランチエとパンシオネでは、その生活態度に微妙な差が出てくる。

たとえば、親の遺産を受け継いで、国債利子で生活するランチエは、長年の労働のあげくにようやく年金にありついたパンシオネとはおのずと生活態度が異なる。また、粒々辛苦のあげくに小金をためて国債を買いランチエの生活に入った商人（これがランチエの大部分を占める）というのも、給与生活者の延長にすぎないパンシオネとはちがった価値観・生活観をもつはずだ。では、ランチエの一般的な特徴とはなんなのか？

『フランス人の自画像』で博物学的な戯文調で「年金生活者（ランチエ）の特殊研究」を書いたバ

ランチエ

ルザックによれば、ランチエは国債証書や証券取引所という近代の発明によって生まれた、古代にも中世にも存在しなかった変種であり、その行動様式を観察することは近代そのものの研究になるという。

まず、すべてのランチエは、元金である国債には絶対に手を付けてはいけないという大原則があるから、倹約を第一の生活信条とする。その結果、ランチエが住む界隈は、家賃が年間一〇〇エキュ（三〇〇フラン）を越えないマレ地区やリュクサンブール公園の近くに限られ、家具調度も三十年間使ってきた骨董的なものばかりで、服装も流行とは無縁である。

彼らが唯一こだわるのはブドウ酒と木炭を保存しておくための地下室（カーヴ）である。木炭用のカーヴは夏の安いうちに木炭を買っておくため、ブドウ酒用カーヴはもちろんブドウ酒を若いうちに買って保存しておくためである。

しかし、その一方ではありあまるほどの暇があるので、まったくなにもしないでいるわけにはいかない。この二つのあい矛盾する要素をどうやって折り合いをつけるか、ようするに、金がかからないような楽しみをどこに見いだすか、それがランチエにとって一番の問題となり、ランチエの生活習慣もこれによって規定される。「ランチエというこの綱に属する個体の本能は、彼らをして、一銭たりとも浪費せずにすべてを楽しむことへと駆り立ててゆく」（バルザック「年金生活者の特殊研究」。以下引用はすべて同書）

ランチエの楽しみの第一は移り行く都市、わけてもパリの観察である。「ランチエの好奇心は彼の生活の説明となる。彼はパリなしでは生きてゆけない。かれはそこのすべてを利用する」。なにか古い建物が壊され、新しい建物が建設されるとき、その工場現場にはかならずランチエがいる。またセーヌの水嵩の上下にもランチエほどくわしい人間はいない。ランチエは他人の葬式にも結婚式にも立ち会い、有名な犯罪者の裁判には欠かさず傍聴にでかけるばかりか、議会で演説を聞くのも大切な仕事と考える。

ランチエはドミノやビリヤードなどの勝負事が好きだが、自分では勝負に加わらず、常に観察者に止まるので、しばしば審判の役を割り振られる。

またランチエは進歩や科学といった、毒にも薬にもならない言葉が大好きで、新発明が新聞に載ると発明家の家まで出向いて説明を受け、鉄道の開通に立ち会い、博覧会が催されればかならず出かける。

ランチエはパレ・ロワイヤルとかグラン・ブールヴァールをぶらつくのを好むが、もちろん買い物や食事をするわけではなく、ただショー・ウィンドーや通行人を見て歩くだけである。「その贅沢さで有名なカフェは、つねに貪欲な彼の目のために作られたかのようである」。

といっても、ランチエもたまには妻と一緒に外食することもある。「暑い日には、ランチエは妻を連れて散策にでる。すると、妻は彼に気前よくビールを一杯おごる。彼らのたった一人の女中が休みを取る日には、夫婦でレストランにでかける。そして、そこでオムレツ・スフレの思いがけないおいしさに酔いしれ、《レストラン以外では味わえない》料理に舌鼓を打つ。ランチエとその妻はボーイに恭しく話しかけ、メニューで料理の値段を確かめ、勘定が合っているかを調べる。そしてテーブルの楊枝をくすねるが、あくまで威厳を保つことを忘れない。彼らは外食しているのだからだ」。ランチエはなかなか愛妻家なのである。

しかし、ランチエが芝居見物に行くことはめったにない。あるとしても芝居が大ヒットしたのを確認してからである。こうした傾向はランチエのすべての行動において観察される。すなわちランチエは世間が是認することを是認し、世間が称賛するものを称賛し、世間が反対するものに反対する。では彼にとっての世間とは何かといえば、それは『コンスチチュショネル』や『ジュルナル・ド・デバ』のような新聞にほかならない。新聞こそはランチエの汲めどもつきせぬ情報源であり、知識の宝庫である。

もっともランチエは議論好きではなく、論争することは好まない。ただ一つ彼が嫌いなのは共和制と革命である。共和制と革命は「財政の聖バルテルミーの虐殺たる国債利子の引き下げ」に通じるからだ。「ようするに、ランチエはすべての点において政府の味方なのである」。

おそらく、ゴリオもこうしたランチエの平穏な生活に憧れてヴォケール館に移り住んだのだろう。だが、革命は起きなかったにもかかわらず、ランチエとして彼は挫折する。娘のために大切な国債を次々に売りはらってしまったからである。ランチエにとって、国債を売るのだったら魂を売ったほうがいいのである。

ランチエ百態

11　孤独な遊歩者の夢想

バルザックの小説の語り手というのは、『谷間の百合』のような一人称のものを除くと、かなり不思議な存在である。なぜなら、その語り手は、全知全能、同時偏在の「神」のごとき存在であるはずなのに、ときによっては、視野の限定された一人の通行人の視点を借りて、問題の人物の住む建物や界隈をしげしげと眺めることが多いからだ。

「たとえ、二日やそこいらの滞在であろうと、パリへ来た人ならみんな、カルーゼル橋に通じるルーヴルの通用門からミュゼ通りまでのあいだに、ファサードの壊れた建物が十軒ばかり並んでいるのを見て、おやと思う」（『従妹ベット』水野亮訳、東京創元社。傍点引用者）

「建物は陰気で、壁は牢獄の匂いがする。このあたりに迷い込んできたパリジャンの目に映るものといったら、賄いつき下宿か養老院、さもなければ寄宿学校か女子修道院しかない。貧窮と倦怠、死を待つ老残、あるいは、楽しかるべき青春が勉強を無理じいされている姿のいずれかに出会うだけである」（『ペール・ゴリオ』拙訳）

まるで、語り手がアリバイ工作でもするかのように不意に招喚してくるこの匿名の通行人、語り手でありながら語り手とは異なるものとして措定されているこの偶然の通行人とはいったいなんなのだ？　別のいいかたをすれば、なぜバルザックは物語を導入する枠組みとして、いちいち、このパリの歩行者の視点を借りるのだろうか？

それは、ほかでもない、バルザックその人が、もっとも熱心な都市の徘徊者、通例、「遊歩者」と訳されている「フラヌール flâneur」だったからである。バルザックこそフラヌールの元祖なのである。だが、もし、バルザックだけが十九世紀パリのフラヌールだったとしたら、こうした視点の借用という方法は用いられただろうか？　裏をかえせば、十九世紀のパリには、バルザック以外にもフラヌールがたくさん存在していたということである。読者とのこの共通認識があったからこそ、バルザックはフラヌールに自己の視線を仮託することで、ナレーションにより広い共犯的な意識を持ち込むことができたのである。

では、ふたたび最初の問いに戻って考えてみよう。フラヌールとはいったい何なのだ？　『フランス人の自画像』は、その「フラヌール」の項目で、これがいかにパリ独特の存在であるかをさかんに強調している。

「フラヌールは、議論の余地なく、パリというこの巨大な都市にのみ固有の人物である。事実、彼のたえざる探索の舞台となりえるのは、一つの大都市しかない。一瞥ですべてを理解し、通りすがりに分析を下す能力を本能的に有するこの《それと気づかぬ哲学者》を生み出すことができるのは、地上でもっとも軽薄でなおかつもっとも才気ある人々の住む町でしかない」（オーギュスト・ド・ラクロワ「フラヌール」）

なにか、いきなり答が出てしまったようだが、とにかくフラヌールとはパリに固有の存在で、しかもただの通行人とはちがうある種の哲学者のようである。ただ、ド・ラクロワによれば、フラヌールは、外観でそれとわかるような特徴をそなえてはおらず、たとえば、一目見ただけでは「見物人badaud」と区別がつかないという。

しかし、その違いは本質的なものであり、名女優のマルス嬢と小屋掛けの女優、バルザックとオーヴェルニュから出てきたばかりの田舎者くらいの開きはあるそうだ。見物人は歩くために歩き、ただ眺めるだけでなにも見てはいない。見物人は事物の外側しか見ずに、なにひとつ考えることはない。社会は彼の目には人間の集合体としか映らず、建物は石の塊でしかない。ようするに、前章で取り上げた年金生活者のようなただの暇人は、この見物人の部類に属するのである。

いっぽう、フラヌールはといえば、姿かたちこそ何の変哲もないが、見る人が見れば、その視線には驚くべき慧眼が宿り、頭の動かし方ひとつ、顔の皺の一本一本に、なにかしらの知的優越性があらわれている。それは思考の深さであったり、推論の力強さであったり、遠く離れた関係を一瞬に把握する能力であったり、分析力の素早さであったりする。しかし、フラヌールの最大の特徴は、やはり、その理解力の広大さにある。

「フラヌールは本質的に複雑な存在であり、特定の趣味をもたない。彼はすべての趣味をもち、あ

フラヌール

りとあらゆるものを理解する。どんな情念でもこれを感じ取る能力をもち、あらゆる奇癖をも説明することができ、どんな人間の弱点もそれを解釈する用意がある」（同書）

とはいえ、いかにフラヌールの潜在的な力が無限でも、それはある特定の環境、すなわち、パリという大都会の中に置かれなければ、顕在的なものとはならない。パリこそがフラヌールをフラヌールたらしめているものなのである。

「パリは、そこに生まれたという資格においても、またそれを征服したという資格においても、フラヌールのものである。毎日、彼はパリをありとあらゆる方向に駆け巡り、その深淵を探り当て、どれほど目立たぬ一角も記憶にとどめる。彼はすべてを彼自身によって見る。そして、そのウサギのような耳とヤマネコのような目をパリのどこにでも運んでゆく。パリで起こったことで彼の知らないものはない。彼は、その日に起こった出来事も、前夜の事件も、細部の細部まで知り抜いている」（同書）

ド・ラクロワがこうして列挙するフラヌールの特徴は、ほとんど全知全能の観察者にして認識者のそれである。だが、こんな神のごときフラヌールなど本当にいるのだろうか？　ド・ラクロワによれば、少なくとも一人は確実にいるという。ただ、そのフラヌールは、一見すると平凡な外貌をまとっており、普段は他の人と区別がつかない。わかるのは、そのフラヌールが、なにかしらの理由でパリの散策をやめ、引きこもって本を書いたときだけであるという。

「諸君はときに、高度の哲学と天才的な考察に満ちた本があらわれ、それがどこぞやの社交人士の手になるものだと知って驚いた経験がおありだろう。［…］諸君は、世界を孤独のうちに学び、人間の心を暖炉のわきで研究することが可能とお思いだろうか。こうした点に関しては、あえて非礼を覚悟の上で、『結婚の生理学』の著者におたずねしてみたい。いったいどこで、女性という存在の説明不可能な神秘に関する知識を得たのだと」（同書）

語るに落ちたとはこういうことをいうのだろう。なぜなら、『結婚の生理学』の著者とは、いちおう、匿名ということになってはいるが、バルザックその人にほかならないからだ。ようするに、これまでド・ラクロワがフラヌールの特徴としてあげていたものは、すべてこれバルザックについての記述にすぎなかったのである。フラヌールとはなにかと問いつづけたあげく、それはバルザックですという答では、メビウスの環のような循環論法でだまされた印象である。あるいは、もしかしたら、このオーギュスト・ド・ラクロワというライター、バルザックの変名なのではなかろうか。

しかし、それはそれとして、ド・ラクロワのフラヌールの定義から、少なくともフラヌールがたんなる見物人や通行人からは区別される人間であること、このバルザックの時代のパリでなければ成り立ちえなかった新しいタイプの特異な人間像であることはわかった。そして、それは少数派ではあっても、確実に当時のパリには存在していたのだろう。でなければ、次のような熱烈なバルザックの呼びかけが、それなりの反響と共感を呼びおこしたという事実を説明することができない。

「おお、パリよ、お前の夜の風景、お前の窓をもれる光、お前の奥深く静まりかえった袋小路をながめたことのない者は、真夜中から午後二時にかけて、お前のまことの詩情、お前の広大奇抜なる対照の妙をいまだ決して解するものではない。道を行くに一歩を忽かせにせず、パリを味わい、その疣一つ、その吹出物一つ、その痣一つ見のがさぬほどにその表情をつかんでいるパリの愛好者はその数少ない。［…］だが、真にパリを愛する者にとっては、パリにも悲喜、美醜、生死の相あり、真にパリを知る者にとっては、パリはひとつの生きものであって、その一人一人の人間、その一軒一軒の家は、頭も、心も、その気まぐれもみな知りつくしているこの巨大なる娼婦のからだの細胞組織の一片なのである。さればこれらの人々こそパリの恋人なのである」（『フェラギュス』山田九朗訳、東京創元社）

パリの恋人たるフラヌール、それは少なくともバルザックの作品を愛する読者の中にはいた。そして、その幸福なる少数者がやがて、ボードレールになり、フロベールになり、さらにはジュール・ヴァレス、モーパッサン、ドーデ、ゾラ、ユイスマンスなどのパリ小説の担い手になっていくのである。

＊

ところで、ド・ラクロワによれば、パリという巨大なカオスの魅力を愛し、すべてを理解しようとするフラヌールのフレクシブルな性格は、必然的に彼を芸術愛好家やコレクターにするという。「フラヌールはディレッタントで、画家で、詩人で、骨董品屋で、愛書家である。彼は玄人としてマイヤーベーアのオペラを観賞し、アングルの絵画を眺め、ユゴーのオードを味わい、エルゼヴィール版を捜し当てる。［…］ラファエルの唯一の自画像がどんなコレクターのもとにあるのか、またどれの書庫にアルド版やエルゼヴィール版のもっとも貴重な稀覯本が蔵されているかを詳しく教えてく

れるだろう」（ド・ラクロワ、前掲書）

もっとも、フラヌールの全員が全員コレクターなわけではない。しかし、コレクターは必ずやフラヌールの性格をもっている。なぜなら、コレクターは毎日「パリをありとあらゆる方向に駆け巡り、その深淵を探り当て、どれほど目立たぬ一角も記憶にとどめる」ことで、収集のための情報網を張り巡らしているからである。コレクターとは、収集という特定の目的のために「一瞥ですべてを理解し、通りすがりに分析を下す」フラヌールの下位ジャンルなのである。

だが、コレクターがフラヌールと袂をわかつのは、フラヌールがパリそのものをコレクションの対象として「すべての趣味をもち、ありとあらゆるものを理解する」のに対し、コレクターは、収集の対象としているただひとつのものしか関心がなく、それだけしか理解しないことである。フラヌールがジェネラリストなら、コレクターはスペシャリストなのだ。

ただ、一口にコレクターといっても、大きく分けて三つの種類があると、『フランス人の自画像』の「コレクター」項目担当のオラース・ド・ヴィエル＝カステルはいう。すなわち、第一は語の正しい意味での純粋なコレクターと、第二はコレクションを金儲けの手段とするブローカー的コレクター、そして第三がファッションの一部として見栄でコレクションをしているコレクターである。

このうち、人間観察の対象としてもっとも興味深いのは、当然ながら第一のジャンルのコレクターのみである。

「第一のコレクターは、身繕いとはおよそ無縁な自然状態で、足の先から頭のてっぺんまで不潔でだらしがなく、爪は黒ずみ、ひげは伸び放題、髪の毛は逆立ち、帽子は完全にへこみ、巨大なポケットはつねに膨らんでいる。この種類こそが純血種のコレクターであり、コレクションそのものへの情熱からコレクターとなったのである」（ヴィエル＝カステル「コレクター」）

この純血種の一典型としてヴィエル＝カステルがあげるのがセーヴル焼の大収集家ムニュサール氏である。ムニュサール氏は三十年前からパリのドゥルオー街にある競売場や骨董屋に通いつめ、世にも見事なセーヴル焼コレクションを作り上げているが、外見からは、彼が大変な大金持ちだとはいささかも見えない。

「ムニュサール氏は裕福で教養もあり、育ちもいいが、セーヴル磁器とともに、たった一人で暮らしている。彼には馬車もなく、下僕もいない。年老いた家政婦が家事をみてやっているだけだ。衣食住にはほとんど費用がかからない。芝居には一度も行ったことがないし、友達も一人もいない。情婦の噂も聞いたことがない。旅行にも出掛けたことがない」（同書）

彼がアパルトマンに閉じこもってセーヴル焼をためつすがめつ恍惚として眺めているときには、骨董屋は店を閉め、競売場は開店休業の状態となる。彼の関心は、ただひとつセーヴル焼のことだけであり、それ以外のことは彼にとって存在しないも同然である。彼は新聞も読まず、自分が選挙人であることも被選挙人であることも知らない。

こうしたムニュサール氏の肖像を読むと、バルザックの読者はだれでも『従兄ポンス』の次のような描写を思い出さずにはいられない。

「諸君はよくパリの町で、ポンスのような男やマギュスのような男が向こうから歩いてくるのを見かけたことがあるだろう。彼らの身なりは至って貧乏くさい。フランス翰林院の名誉幹事みたいに、彼らの鼻はいつ見ても西を向いている！　何事があっても澄ましているし、どんなことにも驚かないし、女の顔や店のようすにいっこうに注意をはらわず、財布を空にして、脳味噌をどこかに置き忘れてきたようなかっこうで、言ってみればまずいき当たりばったり歩いている。で、諸君は不審に思うだろう。いったいこういう連中はパリ人のどの部族へ入れたらいいんだろうと。ところが彼らは百万長者なのである。蒐集家なのである」（水野亮訳、前掲書）

ところで、『従兄ポンス』を実際に読んでみて、いささか奇異な感じがするのは、こうしてポンスやマギュスの貧乏くさい風体や禁欲的な生活、収集した品々に対する異常な愛着といったピトレスクなことは詳しく書き込んであるのだが、われわれがコレクター小説に期待するような、コレクション・ハンティングの血沸き肉躍るようなエピソード、つまり掘り出し物をどうやって見つけたかとか、ライヴァルをどのようにして出し抜いたかとか、あるいは骨董商人といかなる腹の探り合いをしたと

かいう類いの冒険譚はほとんど描かれていないことである。たとえば、ポンスが美術品をあさるときの様子として描かれている場面はわずかに次のようなものにすぎない。
「一八一一年から一八一六年にかけてパリを縦横に歩きまわっているあいだに彼は、十フランでもって今日一〇〇〇フランから一二〇〇フランもする品物を見つけだした。それはパリで行われる売立てで年に四万五〇〇〇枚も出品される中からえらび出した絵であり、山師組合の手先で運び出してくるオーヴェルニュ人から買った、軟練物と称せられるセーヴルの磁器などであった」（同書）
ではこの収集家小説で描かれているのは何かというと、それは、コレクションを形成するさいの厳しい自己規律と、完成したコレクションに対する愛情と誇りである。
自己規律というのは、コレクションに大金をかけるのは邪道であるというポンスの収集哲学である。
「ポンスは一〇〇フラン以上の買物はしなかった。そしてある品物に五十フランを支払うときは、事実三〇〇〇フランの値打ちがなければならなかった。この世で一番美しいものでも、もしそれが三〇〇フランもするならば、彼にとってもはや存在しないも同然だった。いい機会はまれにしかなかったけれど、彼はりっぱな成績をあげるための三つの要素、すなわち鹿の脚、ぶらつき屋（フラヌール）の暇、ユダヤ人式の忍耐をもっていた」（同書）
一方、完成したコレクションに対するポンスの愛情と誇りを描くとき、バルザックはほとんどエロティックといっていいほどの比喩を使う。
「偉大な作品に感じいるように作られた魂の持ち主は、ほんとうの恋人のもつひときわすぐれた能力をもっている。彼が今日味わう楽しみは、きのうのそれにまさるとも劣らないし、彼らはけっして退屈なんぞしない。それに、仕合わせなことに傑作というのはいつまでも若々しい。だからして彼がそんなにもそっと暖かくかかえこんでいる品物は、たしかに掘出し物に相違ないのだ。掘出し物をかかえこんでいるときには、人はどれほどの愛をそれにこめることだろう。好事家よ、諸君はすでにご存じだ」（同書）

やけに具体的で生々しい愛情と誇りの表現だが、じつは、この収集という行為、晩年のバルザックがとりつかれたパッションのひとつにほかならない。バルザックは、ハンスカ夫人を妻に迎えるための新居をシャン＝ゼリゼの通りに構えようとして、その内装品を集めるうちに、この骨董集めの情熱の虜になったのだ。

もちろん、一〇〇フラン以上の買物はしないという自己規律や膨大なコレクション（自己推定で五〇〇万フラン）を所有しているという誇りもバルザック自身のものだった。ところが、実際には、バルザックの死後行なわれた競売でコレクションについた値段は壊滅的なもので、価値のあるものはなにひとつなかったといわれている。

「執念とは観念の状態にまで移っていった快楽のことだ」とは同じく『従兄ポンス』の中の言葉だが、フラヌールとして抱きはじめたパリへの情熱が、コレクションを所有するという快楽に変わり、さらにそれがコレクターとしての誇りという観念にまでなったとき、バルザックはポンスと同じように身を滅ぼしたのである。

12 諸事万端に立ち会う公証人

日本とフランスで、名前は同じだが、社会において果たす機能がかなりちがう職業のひとつに「公証人 notaire」というのがある。

もちろん、日本にも公証人という職業はあり、公証人役場というものもちゃんと存在している。辞書を引くと、「私権に関する公正証書を作ったり、私署証書に認証を与えるなどの権限を持つ公務員」（『大辞林』）と出ている。この場合の公務員とは国や自治体の権能を代行しているという意味であり、公給をもらっているということではない。公証人の収入は証書作成手数料によっている。これは基本的にフランスでも同じである。

しかし、その業務内容はそうとうに異なる。なぜかというと、日本の公証人は遺言状の作成、私署証書や株式会社の定款の認証、それに確定日付の付与が主な業務で、われわれのような一般民衆は一生の間まったく縁なしですますことのできるものだが、契約社会であるフランスでは、どんな人でも誕生から死まで公証人のやっかいにならずにいることはできないからである。フランスの公証人は、日本の公証人の権能に加えて、弁護士、司法書士、行政書士、税理士、それに不動産屋と銀行家の一部の機能もあわせもった非常に多面的な存在、極端にいえば個人営業の役場のようなものなのである。

それは、とりわけナポレオン法典制定後の十九世紀において著しかった。十九世紀は、ある意味で公証人の世紀といっても過言ではないほど、生活のありとあらゆる局面で公証人が登場した。

たとえば、結婚に際して、双方の財産、なかんずく妻の持参金に関して結婚契約が締結される場合、その文書は公証人立ち会いのもとで作成・署名されなければ無効だから、小説の中で、結婚契約の話が出てきたときには、とくに言及がなくとも、そこには公証人が立ち会っていると考えなければならない。

結婚後、新たに不動産を購入したり、あるいは売却するときにも、公証人の介在が必要である。この面では、日本の司法書士と登記事務所を兼ねたような機能も果たしていたということができる。

さらに、子供たちが成長して、財産分与が行なわれるときにも、公証人は立ち会って、証書を作成し、当事者に署名させるばかりか、さまざまなサジェスチョンを行なったり、忠告をしたりする。

ゾラの『大地』には、土地に激しい執着をもつフーアン爺さんが、公証人バイユアッシュの事務所で、三人の子供に財産の生前贈与をする場面が出てくる。爺さんはできる限り高く土地を子供たちに売りつけたいと思い、いっぽう、子供たちは子供たちで、土地を可能なかぎり低く見積もろうと目論んで、激しいやりとりが展開される。やがて、議論は、子供たちが爺さん夫婦の生活費年六〇〇フランを三人で負担するという形で決着する。すると、公証人がこう言う。

公証人

「きまりがついたら、それでよろしい……さて条件がわかったからには、こちらで証書を作りましょう。あんた方の方では、土地を測量して分けて下さい。それから割地の説明をした書付をこちらに届けるように測量師に言って下さい。籤を引いてみんなの分け前がきまったら、それぞれの名前の後に当たった土地の番号を書きこむだけでいいわけです。それからいよいよ署名することになります」（ゾラ『大地』田辺貞之助訳、岩波文庫）

この文章から察するに、土地の生前贈与の取り決めはおろか、親の養育費のことまで、公証人の立ち会いのもとで決定され、証書にされるのである。

しかし、公証人の主な仕事は、やはり、なんといっても、遺言状の作成に立ち会うことである。『従兄ポンス』には、膨大な美術品のコレクションを狙う悪党どもの裏をかこうと、ポンスが公証人に完璧な遺言状の作り方を聞く場面がある。

「「わたくしはこの男（シュムケ）をわたくしの包括受遺者に指定したいと思います。遺言書をどんな形式にしたらよろしいか、お話を願います」［…］

「定めしお聞きおよびのこともあるでしょうが遺言者の気持ちがどうもへんでここでわからないというので、よく遺言書が故障を申し立てられることもあります。公証人の面前で作成された遺言書ならば、そんなことはありません。まったく、その人が同一人であるということの証明は否認されるものでもありませんし、公証人がすでにその理性の状態を確認しているし、それに署名なるものがまた、全然論議の余地を与えませんから」」（水野亮訳、前掲書）

この説明でわかるように、フランスにおける公証人とは、面前で作成された証書が公正なものであることを、その存在そのものによって認証する「人格化した法律」なのである。だから、財産をめぐる契約はどんなものでも、公証人の立ち会いが必要となるのだ。

公証人はまた、遺言者から受遺者に渡される遺産の管理も行なう。

「遺産相続の手続きが完了すると、はやく快楽を味わいたくてたまらぬ若き相続人（ポール・ド・マネルヴィル）は、現金で国債を買ういっぽう、領地の管理は、父の公証人だったマチアス老人に託して、六年間をボルドーから遠く離れてくらした」（バルザック『結婚契約』拙訳）

管理するのは不動産ばかりではない。顧客から公債や年金証書さらには現金などの動産も預かって利子を保管する役割もする。その反対に、顧客が借り入れをしたいというような場合には、貸手を見つけて仲介の労を取ったり、あるいは自らが土地を担保に金を貸し付けたりもする。さらに、顧客が破産して不動産や動産が競売にかけられるときにはその清算事務を担当する。

ようするに、今日、銀行や信託銀行がおこなっている多くの業務も代行していたのである。『フランス人の情念の歴史一八四八―一九四五』を書いたシオドア・ゼルディンによれば、一九一二年にフランスの公証人が仲介した金銭の貸しつけ総額が七四八〇万フランであるのに対し、「フランス不動産銀行」の貸し付け総額は一二四〇万フランにすぎないというから、公証人金融は、今日の日本の郵便局と同じように、フランス最大の銀行とも言えたのである。

このように、公証人は、フランス人の財産のあらゆる局面にかならず顔を出し、司祭が「魂」に対して演じていたのと同じ役割を「財布」に対して演じていたのである。

*

では、どのような階層の人間がこの公証人になったのかというと、当然ながら、一番多かったのは公証人の息子である。たとえば、『大地』には、公証人バイユアッシュの家は代々、同じクロワの村で二五〇年も同じ職業を受け継いできたとある。アンシャン・レジーム期は、極端なことをいえば、司祭と医者を除くと、村で読み書きと計算ができるのは公証人だけで、必然的に公証人は村の名士だったから、父から息子へ、息子から孫へと職業が引き継がれてきたのである。

しかし、息子に跡をつがせるにしても、公証人には資格というものがあるはずではないか？　この資格はどうやれば獲得できたのか？　意外なことに、十九世紀においては、弁護士や代訴人とちがって、公証人は法学部の学士号（リサンス）を必要としていなかった。それどころか、バカロレアすらも要求されなかった。ゼルディンによれば、一九六〇年の時点ですら、公証人の大部分はバシュリエではなかったという。

ただし、現在では法律が変わり、法学修士号を修得した上で、公証人養成学校を卒業し、資格試験に合格しなければならないとなっている。もっとも、それでも、判事か検事ないしは法務局長を勤め上げた者しか公証人になれない日本とは比較にならないほど資格獲得は容易である。

十九世紀において、公証人になるために欠かせなかったもの、それは、公証人事務所における一定年限の研修（スタージュ）である。一八六〇年の『実用生活事典』によれば、公証人になるための最低研修期間は六年。ただし、この六年の間に中断があってはならず、最後の二年のうち最低一年は筆頭書記（後述）としての研修でなければならない。しかも、弁護士や代訴人の場合とちがって、法学部での学士号等の修得による研修期間の短縮の措置がない。これは公証人という職業が法律知識よりも、実際の運用面での経験がものをいう職業だったことを物語っている。

したがって、公証人の中には、高等小学校を卒業しただけで、saute-ruisseau と呼ばれる小間使いとしてキャリアを始めたものも少なくない。というよりも、村の小学校で多少とも勉強ができて、しかも家がそれほど豊かでない少年は、まずこの公証人事務所の小間使いとなるのが普通だった。たとえば、アレクサンドル・デュマは小学校を出るとすぐに故郷のヴィレル＝コトレの公証人事務所で小間使いとなっている。バルザックもバカロレアを取ったあと、代訴人事務所に入り、次いで公証人事務所の書記に転じている。

もっとも、公証人の跡継ぎとなることを運命づけられている公証人の息子の場合は、これとは多少ちがったコースをたどる。というのも、公証人の息子が自分の親の公証人事務所で書記となるケースはまれで、たいていは商家の息子と同じように大都会の公証人事務所に丁稚奉公に入ったからである。これはたんなる習慣ではなく、そうすることに大きなメリットがあったからにほかならない。

＊

十九世紀において公証人は三段階に分かれていた。すなわち、県裁判所のある大都市の第一級公証人、郡（arrondissement）庁所在地の第二級公証人、小郡（canton）の第三級公証人の三つである。

この三段階の公証人は、その権能においてはさしたる違いはなかったが、格付けにおいて大きな差があった。それはとりわけ、研修における資格修得に現われた。たとえば第三級公証人の事務所で研修した場合には、丸六年書記をつとめても第三級公証人にしかなれないが、第二級以上の公証人事務所で三年研修すれば、残りの一年を第三級公証人のもとで筆頭書記をつとめるだけで、第三級公証人になれる。同じく、第一級公証人の事務所で三年つとめれば都合四年の研修期間だけで、第二級公証人になることができる。つまり、格上の公証人事務所で書記をつとめることは、研修期間の短縮につながったのである。公証人の息子が必ず都会の公証人事務所に丁稚奉公に出たのはこのためである。

ところで、この書記そのものにも、三つないしは四つの段階があった。すなわち、小間使い、三等書記、二等書記、筆頭書記である。『フランス人の自画像』では「公証人」の項目をバルザックが担当して、これらの書記の生態をことこまかに描いているので、しばらくはそれを追ってみよう。

バルザックによると、家族の期待を一身に担って十二歳で公証人事務所に入った小間使いの少年は、同世代の中でももっとも生き生きした、元気いっぱいの子供である。すれっからしの書記たちと戯れながら、顧客や裁判所や警察への伝令をつとめている。

数年して、少年は三等書記に昇格するが、このころから、少年の純粋さは徐々に失われていく。なぜなら、少年は、公証人事務所で、売買契約、破産の清算、結婚契約、遺産相続など「ありとあらゆる人間の運命の油染みた歯車が回転するのを目撃し、まだ生暖かい死体を前にして相続人たちが言い争う現場に立ち会うからだ。ようするに、人間の心が民法と取っ組み合いをしている光景を見てしまうのだ。公証人事務所の顧客たちが書記の精神におそるべき腐敗をもたらす」(バルザック「公証人」。以下引用はすべて同項)。その結果、書記たちは、猛烈な皮肉屋となって、顧客のいないところで顧客をののしり、笑いのめすようになる。「もし書記たちが顧客を嘲弄しないとすれば、かれらは怪物である」

しかし、こうした三等書記の陽気さも、二十歳を過ぎるころになると、職業的な無表情に席を譲る。若者は、なにごとにも率直な反応を示すのを避けるようになる。なぜなら、顧客の剝き出しの欲望にいちいち反応をしめしていたら身がもたないからだ。「控えめで口が堅くないこと、謹厳でないこと、それは公証人たることを放棄することと同義である」

この段階になれば、それはもう二等書記になる資格を得たも同然である。「三等書記はすでに小間使いたちほどには笑わない。しかし、二等書記はもはやけっして笑わない」。というのも、二等書記は公証人事務所の会計を担当し、サインと捺印と確定日付を担当する実質上の責任者だからだ。二等書記は感情を表にあらわさない重厚で丁重な人間になる。そして、そうなってようやく、書記から公証人への脱皮が完了するのである。

筆頭書記はすでに半分公証人である。「筆頭書記の大きな仕事は、自分がいなければ、事務所はやっていけないと思わせることである」。彼はなにもかも自分で切り盛りし、決済したがるが、ときに公証人と意見がくいちがうこともあるので、来たるべき「独立」を夢見る。だが、筆頭書記と公証人の間には、実際には、越えるに越えられぬ深く長い溝が横たわっている。開業資金の問題である。こ

れこそが、公証人志願者がクリアーしなければならない最大の障壁なのである。

『実用生活事典』に従えば、筆頭書記を一年以上つとめた有資格者が公証人になるには、法律で定められた供託金を納めなければならない。この供託金は公証人が扱う自治体の規模によって、一八〇〇フランから五万フランまでの幅がある。もちろん、小郡が一番安く、パリがもっとも高い。

しかし、開業を真に困難なものにしているのは、公証人事務所というものが、相撲の年寄株のように一定数しか設立が認められていないために、売りに出る営業権（株）が非常に少なく高額なものになっていることである。一八六〇年の時点で、もっとも人口数の少ない小郡で、一万五〇〇〇から二万フラン。郡なら一〇万フラン以上。県庁所在地では三〇万から四〇万フラン。パリだと最低で五〇万フランはする。五〇万フランといえば、一フラン一〇〇〇円の換算ならなんと五億円である。これでは、裸一貫からたたきあげた筆頭書記には買えるわけがない。ゼルディンの指摘にあるように、公証人になれずに書記のまま終わってしまう人間が大部分だったというのもある意味では当然のことなのである。

ところで、ここで不思議な気がするのは、五〇万フラン出して営業権を買っても、なおかつ儲けが出たのだろうかということである。公証人というのはそんなに儲かる職業だったのだろうか？　営業する場所によっては、確実に儲かる職業だったのである。というのもどんな形であれ、金と財産が動くところでは、税金が国庫に収められるのと同時に必ず公証人に五パーセント前後の手数料が入ってくるような仕組みになっていたからである。大金持ちを顧客にしている公証人は自動的に金持ちになったのだ。

このあたりの事情については、ルイ・レイボーの風刺小説『帽子屋パチュロの冒険』（原題『社会的地位を求めるジェローム・パチュロ』高木勇夫訳、ユニテ）に詳しい。すなわち、主人公パチュロの昔の仲間で弁護士をしていたヴァルモンという男は現在、さる有名な公証人事務所の二等書記となっているが、それは弁護士稼業は意外に競争が激しく、よほどの才覚がなければやっていけないのに対して、公証人は見てくれと押し出しさえよければ上流階級に入り込むことができ、しかも、事件や訴訟がなくとも、結婚と遺産相続は確実にあるので、手数料収入が必ず入ってくるからである。つまり、営業権を買う金さえあれば、弁護士などよりも確実に儲けの出る職業なのだ。しかも、弁護士か代訴人として二年経験のあるものは第一級公証人か第二級公証人の事務所で四年研修をつめば公証人になる資格を得るという規定があったから、ヴァルモンのように公証人に転身を希望する弁護士・代訴人も少なくなかったのである。ネックは巨額の営業権をどう工面するかだけである。営業権は隠退する時に譲渡すれば戻ってくる。つまり、だれか、五億円を貸してくれる相手を見つければよい。しかし、そんな人間が見つかるのか？

方法は、ただひとつ、大金持ちの娘と結婚して、持参金を開業資金に充てることである。そのため筆頭書記となったとたん、やたらに金持ちのサロンに出入りして、自分を有望な婿候補として売り込もうとするようになる。筆頭書記にとって、恋愛結婚などおよそ考えも及ばないことである。「恋する筆頭書記などいたら、それは怪物以上のものである。およそ有り得べからざる存在である」

ヨーロッパ社会の結婚形態が、王族・貴族に限らずブルジョワジーのあいだでも、ずっと持参金婚のままで、恋愛結婚が稀だったのは、おそらく、この公証人のケースのように、営業権（株）の譲渡に非常に大きな資金が必要だったからなのだろう。それは相撲取りに恋愛結婚が少ないことからも容易に類推できる。バルザックは、戯文の最後で、こう喝破している。「公証人はこの点で王に似ている。ともに、彼自身のためにではなく、état（国家／職業）のために結婚するのだ」

このように、公証人は、若いうちに顧客たちのドロドロとした欲望を目の当たりにして精神の不感症となり、ついで無感動をとりつくろう必要から謹厳で平凡な風采を獲得し、最後に持参金目当ての結婚をすることで人間の尊厳まで失う。その結果できあがる公証人の平均的肖像とはこんなものである。

「諸君は街角で、太って背が低く、いかにも元気そうな黒服の男に出会う。自信満々で、ほとんどいつも堅苦しい格好をして、もったいぶって、そしてなによりも尊大な様子の男である。［…］わけても見事なのは、新鮮なバターのような色のはげ頭である。それを眺めていると、長い年月の労働、気苦労、内心の葛藤、青春の嵐、そしてありとあらゆる情熱の欠如といったものが髣髴としてくる。そのとき、諸君はいうだろう《この人はひどく公証人に似ている》と」

バルザックの筆致はやけに底意地が悪い。それもそのはず、バルザックは公証人になるのがいやで小説家になった人間なのである。しかし、反面、公証人の書記として人生のスタートを切らなかったら、小説家バルザックもなかったというのもまた事実である。あるいは公証人こそは《人間喜劇》の隠れた中心なのかもしれない。

13　これなくしてプチブルなし

まずはクイズから、

第一問。以下はいずれも十九世紀の有名な小説や漫画に登場する女性の名前ですが、彼女たちに共通する職業はなんでしょう？

ナノン、フェリシテ、ジェルミニー、ゾエ、セレスティーヌ、フランソワーズ、ベカシーヌ

答　女中

第二問。上記の登場人物が活躍する作品をそれぞれいってください。

答　ナノン（バルザック『ウージェニー・グランデ』）、フェリシテ（フロベール『ボヴァリー夫人』『純な心』まったく別の人物だが名前は同じ）、ジェルミニー（ゴンクール『ジェルミニー・ラセルトゥー』）、ゾエ（ゾラ『ナナ』）、セレスティーヌ（ミルボー『小間使いの日記』）、フランソワーズ（プルースト『失われた時を求めて』）、ベカシーヌ（コムレー&パンション『ベカシーヌ物語』）

第三問。上記の登場人物の中で、「格上」の女中はだれですか。三人まであげてください。

答　フランソワーズ、ゾエ、セレスティーヌ（フランソワーズは料理女中、ゾエとセレスティーヌは部屋付女中〔小間使い〕、それ以外のナノン、フェリシテ、ジェルミニー、ベカシーヌは雑役女中だから格下。理由については後述）

＊

十九世紀の小説で女中の登場しない作品は皆無といっていい。理由はいたって単純である。描かれているのがプチ・ブルジョワ以上の階層だからである。つまり、プチ・ブルジョワ以上の階層なら、どの家庭にも女中はいたのだ。逆にいえば、女中を雇えるようになったら、その家庭はプチ・ブルジョワの仲間入りをしたと見なしていい。

十九世紀から二十世紀初頭にかけての女中に関する浩瀚な研究書『女中たちの位置・立場』（グラッセ刊）を著したアンヌ・マルタン＝フュジエは、その中で、一九〇〇年頃、女中を見つけるのが難しくなったという声が聞かれるようになったが、実際には女中の総数はけっして減ったわけではないと指摘している。すなわち、減ったのは大邸宅につとめる専門職の女中で、炊事・洗濯・掃除となんでも一人でこなす雑役女中は逆に増えている。女中の求人難が起こったのは、ステイタス・シンボルとして女中を雇いたがるプチ・ブルジョワ家庭の数が多くなったからにすぎないというのだ。

実際、この頃の小説を読んでいると、相当につましい家庭にもちゃんと女中がいるのに驚く。たとえば、モーパッサンの「首かざり」は、文化省の下っ端役人ロワゼルの女房が、金持ちの友達から首かざりを借りて舞踏会に出かけたはいいが、帰路にそれを紛失し、同じ首かざりを三万六〇〇〇フランで買ってかえしたがために、借金で赤貧洗うがごとき生活になってしまう話だが、その中にこんな一節がある。

「ロワゼル夫人はいまこそ貧乏暮しのつらさを知った。もっとも、彼女はけなげにも、忽然として、一大決心をしたのだった。このおそろしく巨額の負債はどうしても払わなければならないのだ。そうだとすれば、払うほかはない。で、女中には暇をやった。住まいもかえて、屋根裏に間借りした」(「首かざり」青柳瑞穂訳、新潮文庫『モーパッサン短編集二』所収)

当時、このロワゼルと同じクラスの役人の年収は多くて二〇〇〇フラン。日本円にしてわずか二〇〇万円である。それでも、女中を雇っていたのである。女中には最低でも年に五〇〇フランは渡さなければならないから、家賃も含めて年に一五〇〇フランでやりくりしていた計算になる。しかし、女中を置くことはホワイトカラーの最低限の階級的義務だったから、女中なしですますことはできなかったのである。

だが、莫大な借金を背負ってしまったいまとなっては背に腹は変えられない。

「家事の荒仕事もお勝手働きのつらさも知った。自分で食器を洗い、油のしみた瀬戸物や、ソース鍋の底で、バラ色の爪を台なしにした。よごれた肌着や、シャツや、ぞうきんを洗濯しては、綱にかけて干しもした。毎朝、往来まで芥を持っており、用水をもってのぼった。一階ごとに立ちどまっては、息をつかなければいられなかった。また長屋のおかみさんみたいな格好で、手に買物袋をぶらさげ、八百屋へも、乾物屋へも、肉屋へも行った。そのつど、恥ずかしい思いをしても、なるべく値切

っては、苦しい財布から一銭でも守ろうとした」（同書）

ここで、ロワゼル夫人が自分でやらなければならなくなった仕事として語り手が列挙しているもの、それこそがまさにプチブル家庭の女中、フランス語で bonne à tout faire と呼ばれている雑役女中の仕事である。なんだ、こんなことなら、昭和三十年代の日本の主婦なら、みんなやっていたではないかというなかれ。文明の利器が登場する以前の十九世紀フランスの雑役女中の仕事というのはわれわれが思っているよりもはるかにつらいものだったのである。それをこれからお目にかけよう。

＊

まず、最初にあげられるのが勤務時間の長さである。朝の六時に起きて火を起こしてから働きづめに働いて、自分の部屋に戻れるのが夜の十時。勤務時間が長くなったのは、十九世紀にだんだんと夕食の時間が遅くなり、世紀の初めには五時頃だったものが世紀末に七時か八時になったためである（現在は九時だ）。この間、休憩時間はなきに等しく、食事も空き時間に手早くすませなければならない。

第二に、女中の仕事をハードなものにしていたのは、上下水道がまったくといっていいぐらい存在していなかったことである。

上水は中庭の井戸か給水栓に大きな桶をもって汲みにゆく。それでも中庭にあればましなほうで、ない場合には、近くの給水泉まで出むかなければならない。多少とも裕福な家庭では、通りを歩いている水売りを呼びとめて上まで運んでもらうが、雇い主がケチならそれもままならぬ。洗濯は、シー

部屋付女中

ツや衣服は洗濯屋に出すにしても、下着や小物は女中が洗うことになっている。フランスでは洗濯は伝統的に熱湯でするからこれもなかなか大変な仕事である。入浴の習慣はプチブル家庭では二十世紀になるまで普及しなかったが、それでも奥様の身繕い用に、いちいち大きな鍋でお湯を沸かして運ばなければならない。

いっぽう下水はといえば、オスマンの大改造でもいっこうに改善されず、十九世紀末に高級住宅街でようやく水洗化された程度だから、プチブルの住むようなアパルトマンではなきに等しかった。踊り場に、トルコ式と呼ばれる、たたきに穴があいただけの共同便所がひとつあるきりなので、住人のほとんどは各自の部屋で、おまる（pot de chambre）を使っていた。朝一番に起きて、このおまるの中身を便所にあるいは窓から捨てて、きれいに洗っておくことが女中の重要な仕事だった。

第三の問題点はプチブル家庭で女中が利用できる空間の狭さにあった。十九世紀の人口集中でアパルトマンが小さくなった分、女中が働く台所もより狭くなった。この台所で調理ばかりか洗濯・アイロンかけ・干し物・裁縫もするのである。しかし、こうした台所が日当たりが悪いのは当然としても、換気設備がまったくないのは致命的だった。リューマチや結核に苦しむ女中が多かったのも台所の湿気がひどかったためである。

だが、それでも、雇い主のアパルトマンの中に小部屋を与えられた女中は移動の労力が要らないから幸せである。たいていの場合、女中は、建物の七階の屋根裏部屋で生活していた。この屋根裏部屋というのは、日本人にとってはなんとなくロマンチックな響きがあるらしいが、実際は、夏は酷暑、冬は酷寒の地獄である。若さがなければとてもではないが生活できるところではない。

しかもひどいのは、この女中用の屋根裏部屋が、建物の正面入り口からは入れず、中庭にある別の階段を使うようになっていたことである。したがって、エレベーターのある建物でもそれを利用することができず、六階か七階まで歩かなければならない。これがなによりもつらい。オスマン様式の豪華な建物でも六階や七階には、この屋根裏部屋が三十か四十、中庭を取り囲むようにずらりと並んでいる。ここは下の階とは別の世界なのである。女中たちはこの屋根裏部屋で寝起きする。雇い主のアパルトマンに行くときには、女中階段を降りて、アパルトマンの台所から入ることになる。台所にだけは通じているのである。

もっとも、女中部屋だった屋根裏部屋も、いまではスチュディオという名前で売買されたり、貸し借りされている。しかし、さすがに他のまともなスチュディオに比べてひどく安い。安いだけのことはあるのだ。

＊

ところで、われわれ日本人が女中という言葉で思い浮かべるのはプチブル家庭にたった一人だけ雇われているこの雑役女中だが、これだけでフランスの女中を理解したつもりになっていると足元をすくわれる。なぜなら、これ以外にも何種類か女中がいて、中には主人よりもいばっている女中もいるからである。

アンヌ・マルタン＝フュジエは、プチブル家庭に雇われる女中と、アッパー・ミドル以上の階層の邸宅に雇われる女中はまったく別物だといっているが、それは後者がいわゆる専門職の女中で、与えられたパートだけをこなすからである。

たとえば『女中たちの位置・立場』によると、ミュラ大公の邸宅に一九〇六年の時点で雇われていた男女の使用人は以下の通り。
一　食事関係：料理長一名、料理助手三名、料理女中 cuisinière 一名、料理女中見習い fille de cuisine 一名
二　外部受付および配膳関係：給仕長一名、銀器係一名、受付ボーイ二名、受付ガール一名、従僕五名
三　私室およびシーツ関係：女中頭 femme de charge 一名、部屋付女中 femme de chambre 三名、部屋付女中見習い fille de chambre 二名、部屋付ボーイ一名、シーツ係の女中一名
四　厩舎および馬車自動車関係：整備工二名、洗車係一名
これら四つのカテゴリーの使用人のほか、子守女中二名、門番と妻、庭番と妻、邸宅管理人一名、その他一名。

合計三十五名、うち男二十一名、女十四名である。

この使用人構成からもわかるように、貴族の大邸宅では、男がそれぞれの部門の責任を担い、女は私室関係以外は補佐役にすぎないが、それでも、女中が料理女中の系統と、部屋付女中（メイド）系統に二分されていることは明らかで、両方を兼ねるということはない。これが、邸宅の分業化された

専門女中の特徴である。

この分業システムは、アッパー・ミドルのクラスまでは最低限守られている。たとえば年収六万フランの退役海軍将校の家庭の召使は男女の三人である。

部屋付女中一名、料理女中一名、部屋付ボーイ兼給仕長一名、合計三名

プルーストの『失われた時を求めて』に出てくるマルセルの家庭は、この二つのケースのちょうど中間くらいに当たるのだろう。なぜなら、料理女中のフランソワーズは、料理は自分でするが、買物や下ごしらえなどの雑用はみな下働きの女中にさせているからだ。フランソワーズはコンブレーを去って、パリでマルセルの家庭の料理女中になると、あらゆる女中を支配する女中頭、というよりも、一家で一番うるさい女主人のような存在になる。マルセルは恋人のアルベルチーヌをフランソワーズが毛嫌いしているので、双方の顔を立てるのに苦労する。

このように、料理女中というのは、「味」という、一家にとってかなり重要な要因を牛耳っているせいか、ときとして非常に自尊心が強くなり、一家の主人さえ自分の思い通りに動かそうとするとんでもない存在になる。オペラ座の支配人から『コンスチチュショネル』の編集長に転身したヴェロン博士の料理女中ソフィーはこの典型で、ヴェロン博士の私生活のすみずみにまで干渉して、博士の愛人の選択にも口を挟み、「ソフィー・ヴェロン」とあだなされた。とくに博士が結婚しようとした女優のラシェルとは折り合いが悪く、博士は結婚をあきらめざるをえなかった。それにもかかわらず、ヴェロン博士がソフィーを手放さなかったのは、ソフィーの料理の腕前が抜群で、グラン・ブールヴ

ァールのレストランにも負けない食事を作ったからである。グルメの王様ヴェロン博士としては、愛よりも味が優先したのである。

とはいえ、ある一家の中で、隠然たる影響力を行使するようになるのは、料理女中よりもむしろ部屋付女中である。なぜなら、部屋付女中は、一家の女主人ともっとも内密な関係にあって、秘密を分かち合っているからである。『フランス人の自画像』の「部屋付女中」の項で、オーギュスト・ド・ラクロワはこういっている。

「部屋付女中はただただ女主人にのみ属する。女主人の個人的財産で、彼女の許可なしには触れることができない。女主人の安楽さ、内面生活、幸せは部屋付女中によって左右される。この娘は女主人の心の秘密も化粧の秘密と同じくらい知っている。彼女は前者を不意打ちし、後者を作り上げる。いっぽう、女主人のほうはといえば、こちらも心も体も部屋付女中に属している」

ようするに、部屋付女中というのは邸宅の女主人のもっとも親密な共犯者となるのだ。ゾラの『ナナ』に登場する部屋付女中ゾエは、ナナのところに通ってくる男たちが鉢合わせしないよう調整したり、またナナが、浪費がすぎて一文なしになると、小銭を貸したりもする。それでもゾエはナナに忠実に仕える。なぜなら、ゾエはナナのマネージャーのような存在になっているからである。

「己の運をきり開くために懸命なこの女は、自分の勘のよさを確信し、数か月前からナナの今日あるを期待して、静かに待っていたのである。今やゾエは、凱歌を奏していた。できるだけ誠実に奥様に仕えながらも、一家の女主人の如き地位になって、抜け目なく金も作っていた」（ゾラ『ナナ』川口

篤・古賀照一訳、新潮文庫）

もちろん、ゾエとても初めからこうしたやり手の部屋付女中であったわけではない。彼女とて今日の地位を築くためには随分苦労しているのである。

「ゾエのいうことには、自分はベルシーの或る産婆の娘に生まれたが、さんざん苦労した。まず歯医者の家に奉公し、次に保険の勧誘員の家に移った。しかし、こうしたつとめは性に合わなかった。それから、いささか自慢げに、自分が部屋付女中として勤めた夫人たちの名前を並べたてた。ゾエは夫人たちのことを、まるで自分が彼女等の運命を手中に握っているかのように話した。もし、自分がいなかったなら、浮名を流した夫人は一二にとどまらなかっただろう」（同書）

ここにあるように、ゾエは最初は、みなと同じようにプチブル家庭の雑役女中としてスタートしたが、じきに部屋付女中としての自分の特異な才能に気づいて方向転換したのである。すなわち、ゾエは敏腕の部屋付女中として自分を高く売り付けるすべを知っていたのである。女主人の情事を調整するマネージャー的才能である。こうした腕利きの部屋付女中に対しては強い需要があったから、『小間使いの日記』のセレスティーヌのように、部屋付女中として、二年間に十二軒もの家庭をわたり歩くプロの女中もあらわれる。彼女たちは、女中斡旋所や『フィガロ』の求人広告で、次から次へと、少しでも条件のいい雇い主を探して歩く。女中斡旋所には、公立と私立のものがあったが、私立のほうが条件のいい口が見つかると人気があったようだ。

＊

とはいうものの、だれもがゾエのような能力とセレスティーヌのような度胸をもっているとは限らない。『純な心』のフェリシテのように、不幸な境遇から抜け出すために、ただ、純朴さという美質しか持っていない娘もいる。

「父は石工をしていたが、工事の足場から落ちて死んだ。つぎに母が死に、姉妹がはなればなれになると、彼女はある小作人のもとに引き取られ、幼いうちから野良で牛の番をさせられた。[…]あげくの果てに、身に覚えもないのに、三十スー盗んだといって追い出された。その後、また別の小作人にやとわれ、家禽の世話をした。が、家の人たちからかわいがられたため、仲間にねたまれた」(フロベール『純な心』山田稔訳、中央公論社)

絵に描いたような不幸な少女時代だが、これはとくに珍しいケースではない。『レ・ミゼラブル』のコゼットもほぼ同じ運命をたどっているからだ。ただ、フェリシテが幸運だったのは、言い寄ってきた男に押し倒されたのにもかかわらず、間一髪で逃れた点にある。ここをうまく切り抜けないと『ジェルミニー・ラセルトゥー』のジェルミニーのようになる。というのも、パリで働く姉たちを頼って十四歳で上京したジェルミニーは、カフェの住み込み女中になったとたん、ジョゼフという年寄りのギャルソンに犯されて妊娠してしまったからである。

もちろん、同僚にではなく、主人や家の息子に犯されるケースも少なくなかった。そうなると、子供を非合法でおろすか、生んで里子に出すか、あるいは、妊娠しているのを承知で結婚してくれる相手を探すしか生きる方法がない。この三番目の方法は、『女の一生』のジャンヌの夫ジュリアンが女中のロザリーに手をつけて子供を生ませてしまったとき、ジャンヌの両親が取った選択肢である。

しかし、十九世紀のリアリズム小説からわれわれが連想するように、女中の全部が全部こうした不幸な路をたどったかといえば、かならずしもそうとばかりはいいきれない。

中には、雇い主の家族の一員、いやそれどころか、一家の大黒柱のような存在になって、夫を亡くした女主人や子供たちの面倒をみることに生きがいを見いだす『純な心』のフェリシテや『ウージェニー・グランデ』のナノンのような誠実で頼りがいのある女中もいた。でなければ、『ベカシーヌ物語』のベカシーヌが、ベル・エポックの国民的アイドルになったはずがない。

一九〇六年に、子供向けの新聞『スメーヌ・ド・シュザンヌ』で連載の始まった『ベカシーヌ物語』は、今日でもフランスの子供たちにもっとも親しまれているマンガである。ベカシーヌは、雇い主のグラン・テール侯爵夫人が経費を切り詰めなければならないので、女中をもう雇うことができなくなったと伝えると、お給料はいただかなくて結構ですから、どうかこのままお宅においてくださいと頼み、トラムウェイの車掌となって働いた金で、自分の部屋代と食事代を払う。まさに、聖女ベカシーヌである。

私としては、まったく救いのないリアリズム小説の女中たちよりも、フェリシテやベカシーヌのような「純な心」の女中のほうを取りたい。たとえそれが現実にはありえない「夢の中の女中」だとしても。

14　免許医になるには

以前、教えている大学の演習で『ボヴァリー夫人』を精読したことがあった。このときシャルル・ボヴァリーに関して、いくつかの疑問を感じた。といっても、それはテクスト理論がどうのこうのという小難しいものではなく、もっと単純にして素朴な疑問、すなわち、シャルル・ボヴァリーのような凡庸を絵にかいた男でも、この頃は、一生懸命に勉強しさえすれば本当に医者になれたのだろうかという疑問である。

たとえトストやヨンヴィルのような片田舎の医者だとしても、シャルルは少しお馬鹿すぎないか？　もちろん、現在でもシャルル並のボンクラ医者はいくらでもいるだろうし、またこの時代には一口に医者といっても、免許医と訳されている二級の医者と博士号を持つ正規の医者の二種類がいたことは知ってはいるが、それにしてもシャルルの知的水準は低すぎるのではないだろうか？　これが訳読中に感じたささやかな疑問だった。もっとも、その時には、例によって問題に答を出す努力を怠り、疑問は疑問のまま十数年を経過してしまった。

ところが最近、幸いなことに、書庫の中を探しているうちに行方不明になっていたジャック・レオナール『十九世紀における田舎医者の日常生活』という本が出てきたので、かねてよりの疑問をここで晴らすことにする。

＊

いきなり核心に迫ろう。「免許医 officier de santé」とはなにか？『ロベール辞典』などを引くとおおむね《santé》の項目に「一八〇三年から一八九二年までのフランスで、ドクトルの資格を持たない医者をこう呼ぶ」と出ているが、これだけでは、その実態がはなはだわかりにくい。というのも、《officier》という言葉には、大きくわけて「(1) 大革命以前に終身職 office を有した官吏」「(2) 自家営業の役場 office を持つ公証人や代訴人などの公務員」「(3) 陸海軍の将校・士官」の三つの意味があって、免許医の語源が三つのいずれにあるのかはっきりしないからである。私は、はじめ、医者というその自由業的職業形態からして、(2) から派生しているのではないかと思ったが、どうもそうではないらしい。それは一八〇三年という、この免許医の制度が生まれた年の状況に注目してみるとわかる。すなわち、前年の一八〇二年にはナポレオンが終身執政におさまり、翌年の一八〇四年は皇帝になって、かつ民法典が制定されている。ということは革命戦争が一段落して、革命以来引き続いた混乱を収拾する動きが出てきたということを意味する。

では医学界における混乱とはなにか？　それは、伝統的な医学教育の中断と、基礎学問を持たずにいきなり戦場に駆り出された医者やその卵の処遇である。ジャック・レオナールはこう述べている。

「軍医 chirurgien militaire の階級における大混乱と学位や認可制度の廃止が同時に起こったため、若い衛生将校 officier de santé の数が急激に増加した。この経験の少ない衛生将校たちは戦争から戻ってから、民間で開業することになるだろう。共和国が彼らに対し、兵士の包帯を巻くことを認めたのに、どうしていまさら医療行為をやめろということができるだろうか？ 共和暦十一年（一八〇三年）風月《ヴァントーズ》の法律第二十三項が承認した戦時の驚くべき安易さがここにある」

つまり、免許医の語源は、ほかでもない「衛生将校 officier de santé」にあったのだ。日本の旧軍の場合はたしか衛生将校という階級はなく、軍医と軍医補と衛生兵だったと記憶するが、フランスの革命戦争では、軍医の多くは反革命軍についたので、軍医の不足を補うために革命軍がこの階級を作ったのだろう。

したがって、衛生将校に民間での医療行為を認めた免許医の制度は、最初はあくまで暫定的なものと考えられていたのである。ところが、いったん制度ができて、そこから新たな免許医が生まれてくると、簡単に制度を廃止することができなくなり、結局十九世紀の末まで、フランスの医療は、正式な学位を持つ医者と、この免許医の二本立てで行なわれることになるのである。

では、免許医になるにはどのような資格が必要だったのか？ 制度発足の時点ではいたって簡単なものだった。というのも、医者の学位も学歴もまったく必要なかったからだ。居住する市町村の長と、郡長が指名した二人の公証人の証言に基づいて郡長が発行した証明書を有する者が三年以上の医療経験を積めば、それで免許医の資格が与えられたのである。なんとも寛大な規定というほかない。しかし、当時でも、さすがにこれはひどいという声があがって、年を追うごとに、医療機関での研修と試験の制度が設けられたが、これとても日本の建築基準の「既存不適格」と同じで、すでに開業している者に対しては拘束力を持たなかった。

とはいえ、シャルル・ボヴァリーが医学を志した一八三〇年代以降には、医療資格の法体系もかなり整備され、免許医になるにもそれなりの研修と試験が必要になった。以下、多少の年代的異動はあるものの、基本的な部分は変わりないので、医者と免許医の資格規定のちがいについて見てゆくことにしよう。

＊

免許医のことを語るには、まず正式な「医者 docteur」の資格を調べる必要がある。

一八〇三年の法律によれば、内科 médecine ないしは外科 chirurgie の正式な内科医 médecin・外科医 chirurgien になるには、大学医学部および医学校（大学医学部とはパリ大学、モンペリエ大学、ストラスブール大学の三つにしかなく、それ以外は医学校）に入学する時までに、文学バカロレア（つまり普通の文系バカロレア）を取得していることが必要である。その上で、最低四年間の学習を大学・医学校で行ない、さらに一年間の病院研修を終えたあとで、五つの最終試験と学位論文に合格しなければならない。これらの条件は十九世紀の末まで同じである。

また、この五年間に要する単純学費は一八〇三年には合計一〇〇〇フラン、一八四六年には一二六〇フランである。もっとも、四年間の学習だけで単位を取ることのできる学生は少なく、留年、落第による再登録、また試験に受かるための個人教授その他が必要になるので実際には、卒業時までに、平均二万フランから二万五〇〇〇フランはかかったといわれる。一フラン一〇〇〇円として、二〇〇〇万円から二五〇〇万円である。

これでは、たしかに、よほど裕福な家庭の子弟でないかぎり正式医にはなれない。事実、正式医をめざす学生は、圧倒的に代々その地方で医院や病院を営む医者の息子が多かった。

では、実家が医者ではない、あまり裕福ではない家庭の息子が医者になるにはどうすればいいか。これこそが、免許医という道である。

免許医になるには、まずバカロレアがいらないという大きな利点がある。そのため、なんらかの理由でリセやコレージュの学業を放棄せざるをえなかった者も医学の道に進むことができる。たとえば『ボヴァリー夫人』にはこうある。

「猛勉強のおかげで彼はいつもクラスの中くらいにいた。一度だけ生物・地学の試験で優等の褒状を取ったことさえある。ところが四年の学年末になると、両親は彼が独学で大学の入学資格試験を通るところまでやれるだろうと信じて、中学を退かせて医学専攻を目指させた」（山田𣝣訳、前掲書。以下引用はすべて同書）

このあと記述は下宿の話になり、いきなり次の描写がくる。

「講義科目を掲示板で読んだとき、彼は目くるめく思いがした。解剖学講座、病理学講座（後略）」

この部分には、翻訳に注があり、次のように書かれている。

「シャルルはすでに医科大学にはいっている。レオン・ボップの『ボヴァリー夫人注釈』によれば、シャルルが中学を退校してから、大学の入学資格試験までの独学の受験勉強時代について、下宿を決めたこと以外の叙述がないのは、フロベールの意図したことか、不注意かは知らず、とにかく脱漏を感じさせるという」

たしかに、レオン・ボップのいうとおりフロベールがバカロレアの勉強についてなにも書いていないのはおかしいが、必ずしも脱漏とはいえない。というのも、バカロレアに受からなくても、医学校（この場合ルーアン医学校）には入れるからだ。おそらく、シャルルは最初こそは、正式医を目指してバカロレアを狙ったのだろう。ところが、合格しなかったか、あるいは合格する必要はないと母親が判断した結果、バカロレアなしですむ免許医に方向転換したものと思われる。もちろん、シャルルがバカロレアに合格していたという可能性もある。免許医でもバカロレアのある者は当然いるからだ。ただ、いずれにしろ、免許医になるための医学部ないしは医学校の登録にはバカロレアは必要ではない。また入学してからの学習期間は三年だけでよく、病院での一年間の研修もいらない。必要なのは、必須科目の合格と、三つの最終試験の合格だけである。内科と外科の専門もない。

いずれにしろ、免許医を目指す場合には、単純学費が七二〇フラン（医学校）から八四〇フラン（医学部）と少ないばかりでなく、実際にかかる費用も、四〇〇〇フランから五〇〇〇フランと、正式な医者の五分の一程度ですんだといわれる。そのため、ジャック・レオナールによれば、免許医の両親には、職人、小売商人、自営農民などのプチブル階級に属し、しかも上昇意欲に燃える教育熱心な人間が多かったという。シャルル・ボヴァリーの父親は、軍医補あがりの自堕落な農場経営者だったが、母親が典型的なプチブルの教育ママだったから、息子の階級のグレードアップをはかるため、資格が比較的ゆるやかな免許医にすることを考えついたのだろう。事実、シャルル・ボヴァリーは、一時怠け癖がついて最終試験に落第したものの、翌年には晴れて合格して免許医の資格を得る。

＊

ところで、正式医の場合は医学博士号を得たのちも大学や医学校に残るケースがあるが、免許医の場合は開業医しか選択肢がない。しかも、免許医の資格を修得した県での開業に限られる。となると、問題は県のどこでどうやって開業するかということになる。

免許医が開業するには、普通、前任者の地盤・看板を金銭で譲り受ける形をとる。すなわち、前任者の顧客ばかりか、医院やその設備、図書などを居抜きで買い取るのである。たいていは、隠退を決意した医者自身、またはその未亡人が買い手を探す。その探し方は、医者の業界紙に広告を出す場合もあるが、たいていは市町村長、司祭、治安判事などの地方の有力者のコネを利用する。いっぽう、開業希望者は、こうしたコネや新聞広告などを通して、条件のいい申し込みを探す。ただ開業医の営業権は、公証人や代訴人とちがって「株」ではない。だから、シャルル・ボヴァリーのように、営業権を買わずにすましてしまうケースもある。

「さて、開業の地をどこに卜《ぼく》したものか？　トストだ。そこには老いぼれの医者がひとりしかいない。ボヴァリー夫人〔シャルルの母親〕はこの人の死を待機することすでに久しかったが、ついにま

医　者

だ老人にお迎えの来ないうちから、シャルルは後継者を自任してその真向かいに陣取ったのだった」

もっとも、このように営業権を買い取らないですます場合でも、最低限の開業費用は必要だ。しかし、息子を免許医にするためになけなしの金をはたいてしまったプチブル家庭では、そこまで資金が続かない。では、どうすればいいか？

「息子を育て上げ、医学を修めさせ、開業のためにトストを見つけてやっただけではまだ事成れりというわけにはいかない。嫁さんが要る。そこで母親は嫁を見つけ出した。ディエップに住む執達吏の未亡人で、年は四十五、年収は一二〇〇フランという」

シャルルは若ければ二十二歳、最高でも二十五歳だから（免許医の受験資格は二十五歳まで）、四十五歳の嫁さんというのはすごい。おまけに「不美人で、薪のようにひからびているくせに、春先の木の芽にも似た吹き出物だらけ」というのだからシャルルもかわいそうだ。

しかし、年収一二〇〇フラン、つまり国債の利子 rente が一二〇〇フランあるということは、利率五パーセントで計算すると、国債の額面は二万四〇〇〇フラン（二四〇〇万円）ということになる。これはボヴァリー家のような貧乏なプチブルにとってはちょっとした財産である。この財産に目がくらんで、シャルルの母親はライヴァルの豚肉屋などを蹴落としても、この未亡人を息子の嫁に迎えようと画策する。もっとも、この資産はあとで、幻だったということがわかるのだが。

＊

それはともかく、免許医シャルルはめでたく開業にこぎつけた。

「右手が広間、すなわち食堂兼居間だった。［…］狭いマントルピースの上には、医聖ヒポクラテスの頭像を飾った置時計が、楕円形の火屋でおおった日本の銀めっきの燭台のあいだに輝いていた。廊下をへだてた向かい側の、間口が約六歩ほどの小さい部屋がシャルルの診察室で、テーブル一台、椅子が三脚と、事務用肱かけ椅子が一脚あった。『医学事典』のそろい、ページは切っていないかわりに、次から次へと人手に渡って仮綴のいたんだのが、樅材の本棚の六段をほとんどそれだけで占めていた」

まず、居間兼食堂のほうが診察室よりもはるかに大きいのに注目していただきたい。シャルルのような田舎の免許医は、自宅で診療することがほとんどなく、たいていが往診だからである。診察室は、それがあるという格好さえついていればいい。『医学事典』の六十巻のそろいは、シャルルがだれかほかの医者からそのまま譲り受けた「診察室セット」のひとつだろう。ヒポクラテスの頭像というのもその口で、彫像がない場合には、どこかに「アルタクセルクセスの贈り物を拒むヒポクラテス」の版画がかかっている。これは、『フランス人の自画像』の「医者」の項目を担当したL・ルーによれば、「私は無欲な医者です」ということを主張しているという。ルーはまた、患者の評判を取りたかったら、まず馬車を買い揃え、往診には必ず速やかに駆けつけるという意思表示をしなければならないとしているが、シャルルもエンマと再婚したのちにボックという二輪馬車を買って医者としての体面を整える。

もっとも、ジャック・レオナールによれば、十九世紀とりわけその前半においては、田舎の開業医

に不可欠な能力というのは、じつは医学知識でも医療技術でも、また馬車や馬でもなく、その地方の方言を理解する能力だったという。なぜなら、鉄道や新聞や教育が普及する以前には、地方の言語は中世とほとんど変わらず、ブルターニュや南仏のように、まったくちがう言語が話されていた地域もあるからだ。

この点、ノルマンディーの田舎で育ったシャルルは、ルーアンのコレージュに入ったときに、田舎言葉をからかわれるのがいやさに「シャルボヴァリ」と早口でいったぐらいだから、またとない好条件に恵まれていたわけである。そのせいか、トストでのシャルルの評判は、エンマと再婚したあとも、すこぶる良かった。

「えらぶらないところが田舎の人たちに受けた。子どもをかわいがり、居酒屋へは足を向けず、そのうえ浮いた噂ひとつない堅人ぶりが信頼された。カタル性炎症と胸部疾患が得意だった。実をいうとシャルルは患者を殺すのがこわかったから、ほとんど鎮静剤のほかは処方せず、ほんのときたま、吐剤、足湯、吸玉を用いるぐらいだった。さりとて外科をおそれたわけではない証拠には、瀉血となれば馬なみにたっぷり血を取ってくれるし、抜歯にかけては《悪魔の手腕》の評判があった」

ここには、村の人々に人気のある免許医の肖像が見事なまでに的確に描きだされている。一般に、免許医というのは、衛生将校や軍医補あがりが多く、たいていがシャルルの父親のように大酒のみで放言好き、おまけに女ぐせが悪かったから、村人からは敬遠されることが多かったのに対し、シャルルは元来が内気で臆病な性格なので、それが「えらぶらない」と映ったのである。

また、当時の医学がヒポクラテスの時代からあまり変わらぬ原始的な体液説、つまり人間の体液は血液、粘液（リンパ液）、黄胆汁液、黒胆汁液の四種類からなり、このバランスが崩れたときに病気が起こるという学説に基づいていたこともシャルルには幸いした。つまり、パストゥールが細菌を発見するまでは、医療行為は、汚れた血液（黒胆汁液）の流れる静脈を切って血を外に出す瀉血、ヒルを患部に吸い付かせて鬱血を取り除くヒル治療、さもなければ、鐘型のガラス器具の中でアルコールを燃やして陰圧で血を吸い寄せる吸玉療法、あるいは下剤や浣腸、吐瀉といった消化器系の原始的治療に限られていたので、シャルルのように医学雑誌を読むとすぐに眠くなってしまう凡庸な医者でも、診療治療は可能だったのである。

あとはただ、どんな天候でも、どんな辺鄙な場所でも、どんな惨めな病人でもいやな顔ひとつせずに往診に出掛けてゆく根気強さだけがあればよかった。

「シャルルは雪が降ろうが雨が降ろうが間道沿いに馬を馳せた。農家の食卓でオムレツをふるまわれ、しめっぽい寝床へ腕を差し入れ、瀉血した血の生あたたかいしぶきを顔に浴び、瀕死の病人のぜいぜい声を聞かされ、金盥のなかの汚物をしらべ、汚れた下着をいくつもまくりあげた」

実はシャルルがこんな単調で辛い田舎医者の仕事に、バルザックの『田舎医者』のベナシス医師と同じような献身ぶりで耐えることができたのも、家に帰れば美しい妻が待っていてくれるという思いがあったからだった。ところがエンマは、まさにこうした平凡な日常に耐えることのできるシャルルの性格を毛嫌いした。

「シャルルの口から出る話といえば、歩道のように平々凡々、そこを世間の相場どおりの思想が、平服のまま一列縦隊で進んでゆくだけだから、感動も笑いも夢もありはしない」

たしかに、免許医というのは一般に教養がないのが致命的欠陥であるといわれていた。正式な医者との医療面での差異は、時代が進むにつれて縮まっていったが、バカロレアのための文学や哲学を学んでいないことがいつまでも災いした。もしも、エンマがシャルルのような免許医ではなく、文学や哲学の素養のある正式医と結婚していれば、あるいは悲劇の結末は避けえたかもしれない。いつの時代でも、高学歴職業の亭主が、話題にとぼしい無教養な人間であるというのは好ましいことではない。たとえ、妻がエンマのようなバブリーな女でなくとも。

15　人乳市場

今では死語になってしまったが、戦前には日本にも「乳兄弟《ちきょうだい》」という言葉があった。乳母の「乳」で育てられた良家の子供と、乳母自身の子供の関係を指す表現だが、一般に、この「乳」兄弟は、乳離れしたあとも、乳母によって双子のように育てられるケースが多く、互いに本物の「血」兄弟以上の親しみを感じたものらしい。歴史上も、権力者の腹心にはこの乳兄弟というのが少なくない。

ところで、日本では、乳母を雇うのは、あくまで実母に母乳が出なかったり、あるいはなんらかの事情で母乳で育てられないような例外的な場合に限られていたようだが、十九世紀のフランス、とくに都市部では、子供が生まれたら乳母を雇うのが当然という風潮が強く、上流階級から下層階級まで、どの家庭でも乳母の世話になっていた。ファニー・ファイ゠サロワの研究書『十九世紀における パリの乳母』によれば、世紀半ばの一八六六年にパリで出生した子供五万三〇〇〇人の約半数、二万人から二万五〇〇〇人の乳児が乳母によって乳を与えられていたというから、かなりの比率である。我らがボヴァリー夫人の娘マルトも例外ではない。

「ある日エンマは、指物師の女房のところに里子にやってある娘の顔が急に見たくて、矢も盾もたまらなくなった。そこで産後六週間の安静期間が済んだかどうか暦で確かめもせずに、村のはずれの丘のふもと、街道と牧場のあいだにあるロレーの家へと出かけて行った」（『ボヴァリー夫人』山田𣝣訳）

ボヴァリー夫人のいたヨンヴィルは、町とはいえノルマンディーの田舎の真中にあったので、指物師の女房もおそらくはなにかの伝《つて》で雇ったのだろう。しかし、パリのような大都市ともなると、乳母は完全に制度化されていて、公設の乳母斡旋所が一八〇四年から一八六四年までサン＝タポリーヌ街に置かれていた。

もっとも、この公設の乳母斡旋所という制度は遠く中世にまで遡り、一一八四年にはすでにパリのサント＝カトリーヌ施療院に設けられていたというから、乳母の伝統はパリ史の中にしっかりと根付いていたということができる。

ではなぜ、乳母を雇うことが、パリの、とりわけ上流階級の母親の習慣になったのだろうか？『フランス人の自画像』の「住み込み乳母」の項を書いたアメデ・アシャールによれば、それは、おもに舞踏会のせいであるという。

「摂理が与えた相続人たちに彼女たちがなぜ乳をふくませないかといえば、それは彼女らの善意が、夫と舞踏会という、それぞれたがいに関係のない二つの障害の前でいとも簡単にくじけてしまうからである。

この哀れな女たちにとって、社交界というのは絶対に従わなくてはならない専制君主のようなものである。もし、従わないと、家庭生活に透き間風が吹き込む恐れがある。舞踏会は自分のライヴァルというものを認めない。もし、若い母親たちが子供たちにいのちを与えたように乳も与えようとすると、饗宴やお洒落やコンサートといったものが成り立たなくなる」（アシャール「住み込み乳母」）すなわち、母親が子供に乳を含ませていると、夫婦そろって出席するのが掟である舞踏会に出られなくなり、ひいては家庭生活にも支障をきたすというわけだ。それればかりか、乳房の形が崩れるから、舞踏会の制服であるデコルテも着られなくなる。ようするに、社交生活にとって、乳児というのは絶対的に厄介な代物なのである。

十九世紀には、舞踏会を中心とする社交生活が貴族社会ばかりかブルジョワ社会にも広まって、一つの制度となっていたので、それに伴って乳母の需要はますます大きくなったものと思われる。

＊

ところで、一口に乳母といっても、大きくわけて二種類あった。一つは、ボヴァリー夫人のケースのように、乳母が自分の家で子供を預かる「持ち帰り乳母 nourrisse à emporter」、もうひとつは、乳母が雇い主の家に入る「住み込み乳母 nourisse sur place」である。

上流階級では当然、後者の方法が支配的だった。

一般に、上流家庭の住み込み乳母は、乳母斡旋所を通さずに、産婆や医者などの縁故をたどって、直接雇われることが多かった。乳母の身元の確かさと健康状態がなによりも問題とされたからである。

乳母は、パリに近いノルマンディーやコー地方の出身者が大半で、これらの地方の独特の被り物をかぶってパリにやってくる。通例、乳母は、雇い主の女主人の寝室とつながった小部屋をあてがわれ、そこで子供に乳をふくませることになっていた。

原則的には、乳母になるには自分の子供とは完全に乳離れしていなければならず、そのことを証明する書類が必要だったが、当時の書類というのは立ち会い人による証言という形を取っていたので、この点はかなり緩やかだったようだ。そのため、実質的には、子供を生むとすぐに他の乳母に預けて上京してくる乳母があとをたたなかった。もちろん、自分の子供を他の乳母に預けるには金が必要だったが、そのことを計算に入れても、パリで他人の子供に乳をやったほうがはるかに実入りがいいので、乳母の志願者は次から次へと現われた。

先のアメデ・アシャールによると、パリの上流家庭に住み込みで働く乳母というのは、最初のうちこそ、体も心もすこやかで、優しく、働きぶりも甲斐甲斐しいが、そのうち、上流階級の贅沢な暮らしになれてくると、次第に要求が激しくなり、態度が大きくなるという。

最初の兆候は、召使いや女中などと顔を合わせる使用人用食堂で現われる。たとえば、下げられた御馳走にありつく優先権を巡って、給仕頭と乳母の間で争いが生じる。優先権が給仕頭に認められたりすると、とたんに乳母は復讐を誓う。赤ん坊に乳を与えながら、さかんにため息をつき、元気のないふりを装う。女主人は、乳母の健康状態が子供に影響することを恐れて、体調不良の原因を聞き出し、給仕頭を呼び付けて、以後は、乳母の食べ物をすべてに優先するよういいつける。

こうして、条件闘争に勝利した乳母は、次に、自分は女中として雇われたわけではないし、雑用をやると体によくないといって、授乳以外の仕事は拒否するようになる。また赤ん坊が少し大きくなって、チュイルリ公園やリュクサンブール公園へ日光浴に連れて行く段になると、乳母は徒歩で往復するのはつらいと、馬車での送り迎えを要求する。さすがに、直接、給料をあげてくれとはいわないが、なにか祝日や行事があるたびに、心付けがほしい旨をそれとなく匂わせておくことを忘れない。使用人の中の権力者である部屋付女中には親しくしておいて、女主人のお下がりは、二人で独占する。その結果、直接的な給料(月額で四十フランから六十フラン)よりも、間接的に手に入れる収入のほうがはるかに多くなる。

かくして、サナギが蝶に変身するように、田舎から出てきたときに身につけていた地方装束が一枚一枚と脱ぎ捨てられ、しだいに、こざっぱりとしたお洒落な衣装が乳母の体を覆うに至る。そして、それとともに、チュイルリやリュクサンブールでの態度にも変化が現われる。貴婦人をダンディーが追うように、乳母を追いかけまわす男が出てくるからである。その取り巻きの数は、パリの駐屯部隊の数によって多くなったり少なくなったりすると、アメデ・アシャールは書いている。たしかに、当時の風俗版画の類いを子細に眺めると、乳母の近くにはかならずといっていいぐらいに兵隊の姿が認められる。兵隊にとって、結婚を迫られる恐れのない乳母というのは、安全な遊び相手だったのかもしれない。

だが、やがて、そんな住み込み乳母の天国のような日々にも終わりの時間が近づいてくる。赤ん坊が乳離れするときである。そこで、乳母は一計を案じて、子供が離乳食を与えられる十五分前にたっぷりと乳を与えて、解雇の引き延ばし作戦に出る。しかし、それも長くは続かない。子供との別れの日、乳母は改悛したマグダラのマリアもかくやの涙を流すが、その涙の中には、子供への愛情ばかりか、失われた安楽な生活への哀惜がまじっているとアメデ・アシャールは指摘する。

その結果、田舎の夫のもとに戻っても、彼女はもはや再び乳母となってパリに戻ることしか考えない。夫に、子供こそは天が与えてくれた財産作りの近道であると説得し、九か月後には見事、次の子供を産み落とし、さっそくパリに旅立つ。こうして、三十歳で乳母としてのキャリアを終えるまでに、彼女は半ダースほどの子供を作り、夫には立派な畑をプレゼントしてやることができる。偉大なるかな、乳の力よ！

＊

しかしながら、乳母のだれもが、住み込み乳母となって甘い生活をエンジョイできるとは限らない。第一、住み込み乳母を雇えるような裕福な家庭の数は限られている。もっとも、贅沢をいわなければ乳母の働き口はいくらでもあったようだ。というのも、パリの商工業者や勤め人などの中産階級も、上流階級にならって、乳母の乳で子供を育てるようになっていたからである。ただ、この階層は、自宅に乳母を住まわせる余裕はなかったので、乳母は赤ん坊を預かって田舎に連れて帰るという養育法を取るほかなかった。

このように、中産階級の拡大で乳母の需要も供給もともに膨大な数にのぼったことから、仲介業務が必要になった。冒頭に記したパリ市の公設乳母斡旋所は、もっぱらこちらの「持ち帰り乳母」の仲介を仕事としていたのである。

乳母斡旋所は、公設とはいえ、一八二一年までは、いわゆる第三セクター方式で運営され、「斡旋人 recommandaresse」と呼ばれる二人の女性が、「運び屋 meneur」という名の四、五十人ほどの下請け業者をつかって管理・経営にあたっていた。

この運び屋たちは、ノルマンディーやコーなどの田舎を回って乳母のなり手を募集し、幌馬車に乗せてパリまで運び、預かる赤ん坊が決まると、また田舎まで送り届けるという仕事を担当していた。一八二〇年代の統計では、一年間に五〇〇〇人から六〇〇〇人もの乳母が出入りし、それよりもわずかに少ない数の乳児が乳母に預けられたという。この数字は、パリの総人口が五二万人だから、相当なものだといってよい。

運び屋たちは乳母志願者に関する情報を、もっぱら、田舎の産婆から入手していた。産婆には、乳母一人につきいくらの仲介手数料が運び屋から支払われた。

しかし、この運び屋というのは、金目当ての粗野な男が多く、ピンハネや袖の下、あるいは賃金未払いなどは当たり前、おまけに、乳母の健康や乳児の衛生などにもほとんど気を配らないという有り様だったので、乳母斡旋所は会計も衛生管理も目茶苦茶の状態となっていた。

たとえば、運び屋は、通例、一台の荷馬車に二十人前後の乳母と乳児を詰め込むばかりか、石炭や鉄などの荷物も同時に運び、途中でろくに休息も取らず、昼夜兼行で馬車を走らせたため、運搬の途中で乳母が居眠りをして乳児を窒息死させたり、あるいは病死させたりする事件が年中起こっていた。

そのため、里子に出された乳児死亡率も極めて高く、かなり改良がなされたはずの一八七五年の調査でも七十一パーセントに上っている。これは一八六五年のフランス全土の平均乳児死亡率が十七・九パーセントであることを思えば、とんでもない数字というほかない。里子に出された「小さなパリジャン」はそのまま帰ってこないといわれたのも当然である。

また乳母の質そのものにもかなり問題があったようだ。ファイ＝サロワの引用している一八一九年当時の『医学事典』には、次のような記述がある。

「そこでは、見るからに汚らしい姿形の年老いた女に出会うことも稀ではなかった。乳房はしなびていて、子供はろくな乳も与えてもらえない。なかには、この乳母の仕事を二、三十年も前から続けている者さえいる。言葉は乱雑で、態度は粗野ときているから、こんな乳母に委ねられた子供がどうなってしまうのか、その運命に対して、強い警告を発せざるをえない。さらにいうなら、ここでは、乳母の汚れた乳を吸ったために梅毒に感染した不幸な子供にも相当の割合でお目にかかるのである」

乳　母

一事が万事この調子だったから、一八二一年に、パリ市施療院委員会が、国王からの内帑金《ないどきん》の分配のための監査を行なって会計の不正と管理態勢のずさんさを明るみに出したときには、運び屋の存在が真っ先に槍玉にあがり、ただちに全廃されることに決まった。管理運営も、民間から役人の手に移り、乳母と乳児の衛生状態を厳しくチェックするため、医師が乳母斡旋所に常駐するよう定められた。

ところがこの民営から官営への移行措置は完全に裏目に出た。官営乳母斡旋所 grand bureau を解雇された運び屋たちは、それぞれ独自に私設の斡旋所 petit bureau を開き、業務を始めたからである。乳母をリクルートするノウハウに関しては彼らはプロだから、官営斡旋所の役人などがかなうわけがない。とりわけ、役人たちは、産婆へのルートを持たなかったから、官営乳母斡旋所に登録する乳母の数は激減した。一八二一年には五〇〇〇人を越えていた登録乳母の数は、一八二八年には半減以上の落ち込みを見せ、二〇〇〇人を割ってしまう。

では、官営乳母斡旋所から私設乳母斡旋所へと移った客層はどんなものだったかというと、これが前者の主要なクライアントであった中産階級の家庭だった。彼らは、官営斡旋所が謳い文句にしていた衛生管理よりも、私設斡旋所の探してくる乳母の条件のほうに魅力を感じていた。それは、私設の斡旋所に登録している乳母の大半が、パリから遠くない近郊の農村から集められてきた若い乳母であることだった。というのも、近場にいる乳母なら、しばしば、両親が、里子に出したわが子の様子を見に出掛けることができたからである。これは、あのボヴァリー夫人でさえ感じた母性本能だった。

「乳母の家は、胡桃の古木がうっそうとおおいかぶさっているのが目じるしだった。褐色の瓦をのせた屋根の低い家で、屋根裏部屋の天窓の下に玉葱が数珠つなぎにして外にたらしてあった。〔…〕一階の部屋、といってもこの家でたったひと間きりのまともな部屋には、おくの壁沿いにカーテンのない大きなベッドが置かれ、窓ぎわはパン粉の練桶が占領していた。〔…〕エンマの子どもは、石畳の上に置いた柳の揺籠のなかで眠っていた。エンマは掛蒲団ごと抱き上げて、体をゆすりながら静かに子守歌をうたいはじめた」（山田𣝣訳、前掲書）

相当に中略をしても乳母の家のみすぼらしい様子が手に取るようにわかる描写で、フロベールの観察眼がさえわたっている箇所だが、フロベールの鋭さは、帰ろうとするエンマを乳母が引き留めて、いろいろと品物をねだる部分にもいかんなく発揮されている。乳母はまず石鹸をほしがってから、次にはコーヒーをねだり、最後には、いろいろともってまわった言い方をしたあとに、こう切り出す。「「おついでのせつに……」と哀願の目つきに物をいわせて、「コニャックの小瓶を」と、とうとう言った。「そうしていただけましたら、それでお嬢ちゃまのあんよもこすってお上げしますです」」

これから察するに、田舎に里子に出す場合にも、乳母は、平均月十五フランの直接給のほかに、こうした間接給を当然の権利として要求したものらしい。というよりも、乳母たちが、官営の斡旋所ではなく、私設の斡旋所を選んで登録したのは直接給の高さではなく、この間接給の存在のためだったらしい。

では、こうした間接給も、さらには満足な直接給も乳母に払えないような貧しい下層階級の母親は、自分の乳で子供を育てていたかというと、驚いたことに彼女たちもまた子供を里子に出していた。子供が家にいては自分が働けないからである。

しかし、こうした貧しい家庭の子供を引き取る乳母がいたのだろうか？　いたのである。プチブル家庭が利用しなくなった官営乳母斡旋所の乳母たちである。

「官営乳母斡旋所は、もはや、貧しい家庭に対して、ひどい乳母を供給することしかできなくなった」（ファイ＝サロワ、前掲書）

なぜ、こうなってしまったかというと、官営乳母斡旋所では直接給が十二フランと決められ、また間接給にありつける可能性がゼロだったため、最低の乳母しか集まって来なくなり、客もそれに応じた層に固定してしまったからである。

だが、それでも乳母に十二フランを払える階層はまだまともな方である。それ以下の最貧家庭もいたはずだが、彼らはどうしていたのか？　捨て子である。

一八六〇年に廃止されるまで、パリのアンフェール街には、捨て子を専門に預かる棄児院 hospice des Enfants Trouvés という施設があり、専門の職員（多くは聖ヴァンサン・ド・ポール修道会の尼さん）が常時詰めていて、捨て子希望者が現われると、トゥルニケ tourniquet という回転木戸で子供を受け取っていた。捨て子をする親が、顔も見られず、身分も明かさず、安心して子供を捨てられるようにとの計らいである。

「かなり奇妙なことであるが、王政復古期には、棄児院に収容される子供の数は毎年つねに五五〇〇人前後と一定していた。こうした哀れな子供たちは、概して、ひどい健康状態にあったので、四分の一は収容後五日以内に死亡し、一か月後には三分の二が息を引きとった。一八二八年の統計によると、収容数五七二一に対して死亡者は四〇九五を数えた」(ギョーム・ド・ベルティエ・ド・ソヴィニー『タブロー・ド・パリ』拙訳)

では、この残ったわずかな子供たちはどうなったのかというと、こちらは公共救済児童として、パリ市が養育費をつけて乳母たちに引き取らせたのである。この公共救済児童を預かる乳母というのは、当然ながら、乳母の中では最底辺に属するベテランたちで、中には、養育費目当てに、一人で十二人もの赤ん坊を引き取って、「養豚場」ならぬ「養児場」を経営するものもあったといわれる。セバスチャン・メルシエがつとに指摘したように、「人乳市場」の市場原理というのは、なんとも厳しく作用していたもののようである。

16　仕立屋と古着屋

十九世紀の小説を読む場合に、なによりもまず頭に入れておかなければならないのは、衣服がいまとは比べものにならないくらい高かったという事実である。既製服がまだ一部にしか存在していなかったので、服を新調するとなったら仕立屋であつらえるほかなかったが、この仕立代が馬鹿にならず、今日の若者が車を買うとき以上の決意が必要だった。そのため、服を仕立てる余裕のある階級と、古着を買わなければならない階級とがくっきりと二分され、服を見れば階級のみならずその人の懐具合までがわかったのである。

だが、その一方で、服を新調できる階級、つまり貴族階級やブルジョワ階級の内部において、とりわけ紳士服の画一化（黒服化）が進んだことから、逆に布地と仕立てのよさによる差異化の動きが生まれた。いいかえれば、ちょっと見では区別がつきにくくなったことが、反対に高級志向を高め、服による人物鑑定法の流行をもたらしたのだ。バルザックの小説の長たらしい服の描写はこうした共通認識に基づいている。

しかし、それは裏を返せば、服だけを完璧なものにするなら、容易に他人の目を欺くことができるということをも意味していた。ラスティニャックやリュシアン・ド・リュバンプレのような懐具合の寂しい野心家でも、服さえそろえれば、社交界のファッショナブルなダンディーの仲間入りを果たすことができたのである。

＊

このとき、重要な役割を演じたのが仕立屋である。バルザックは野心家の人生におけるこの仕立屋の重要さを強調してやまない。たとえば、パリに出てきたばかりの『幻滅』のリュシアン・ド・リュバンプレは、パレ・ロワイヤルの観光客相手の仕立屋に二〇〇フランであつらえてもらったイージー・オーダー服を着てオペラ座にあらわれたところ、パリのダンディーたちにまるでカカシだと、さんざんに馬鹿にされる。そこで一念発起して、パリ随一の仕立屋ストーブの店で燕尾服、フロックコート、チョッキ、ズボンなどをあつらえるが、そのとき仕立屋のストーブはこう言ってリュシアンの気持ちを引き立てる。「お若い方がこういう服装をなされば、もう堂々とチュイルリを散歩できますよ。半月もすると裕福なイギリスのご婦人ときっと結婚なさるということになりましょう」（生島遼一訳、前掲書）

ではリュシアンはこうしたダンディー変身セット一式にいくらぐらい投資したのだろうか？

「翌日になると、靴屋、下着屋、洋服屋がそれぞれ勘定書をもってやってきた。リュシアンはまだ田舎の風習にとらわれていて、かれらを追いかえす方法には無知だったから、金を支払った。支払っ

てしまったあとでしらべてみると、パリへもってきた二〇〇〇フランのうち、たった三六〇フランしか残っていなかった」（同書）

リュシアンはパリ到着後すでに四〇〇フランぐらいは使っているから、ダンディー・セットに費やした金額は一二〇〇フラン前後だと思われる。現在の価格に換算すると一二〇万円である。ずいぶんとまた浪費したものだが、これはリュシアンの先輩であるラスティニャックが社交界に打って出るために母親に無心した金額とほぼ一致する。

「お母さん、ひとつお願いがあります。ぼくのために差し出せる第三の乳房がないかどうか少しあたってみてくれませんか？　ぼくは現在のところ、いますぐにでも出世できそうなところにきています。一二〇〇フランの金が必要です。どうしても必要なんです」（『ペール・ゴリオ』拙訳）

母親はどうにか工面して一二〇〇フランを送ってくる。妹たちも三五〇フランを送金してくれる。ラスティニャックはこの金が届くと、さっそく仕立屋を呼び、社交界に打って出る準備に取り掛かる。

「社交界はもうおれのものだ！　さっそく、彼は仕立屋を呼びよせ、心中を探り、てなずけてしまった。以前、トラーユ氏の姿を見た瞬間に、ラスティニャックは若者の生活に仕立屋が及ぼす影響の大きさを理解していた。なんたることか！　仕立屋は不倶戴天の敵となるか、勘定書を介した友人となるか、この二つの間に中間はないのだ。ウージェーヌはこの仕立屋の中に、自分の職業の父親的性格を理解し、自らを若者の現在と未来を結ぶハイフンと見なしているひとりの男を見いだした。これに恩義を感じたラスティニャックは後に得意とするようになった箴言を用いてこの男にひと財産作っ

てやった。《彼の作った二つのズボンが公債利子二万リーヴルの持参金の縁談を二つまとめたのを知っている》」(同書)

この引用をよく読んでいただきたい。ラスティニャックは、リュシアンとは異なり、仕立屋の「父親的性格」を利用し「勘定書を介した友人」になることに成功したのである。つまり、ラスティニャックは家族から一五五〇フランを受け取っていたにもかかわらず、仕立屋には出世払いを認めさせて一文も払わず、「若者たちの現在と未来を結ぶハイフン」になってもらったのだ。事実、このあとの文章をいくら注意深く読んでもラスティニャックが仕立屋の勘定を払ったとは一言も言及されていない。だからこそ、ラスティニャックは社交界の寵児になってから、警句を吐いて、借金を棒引きにしたのである。感謝の気持ちは、立派な服を作ってくれたことにあるのではなく、出世払いにしてくれたことに対するものなのである。

ではなぜ、ラスティニャックはすぐに仕立屋に勘定を払わず、また仕立屋のほうでもツケを認めたのだろうか? それは、逆説めくが、高級仕立屋の仕立賃というものが我々の想像をはるかに越えるほどに高かったからである。

具体的に計算してみよう。ラスティニャックは仕立代を含めたダンディー変身費用の総額として一二〇〇フランを計上しているが、仕立代だけだと一〇〇〇フラン前後というところか。これは、リュシアンのケースの場合も同じである。つまり、結論するなら、パリで一二を争う仕立屋で最高級の服をあつらえようとすれば、日本円にして一〇〇万円は必要だったということになる。これはけっして安い金額ではない。
もちろん、高級仕立屋でなければ、『レ・ミゼラブル』のマリユスのように二着で三〇〇フラン、一着なら一五〇フランで作ってくれる仕立屋もあったようだが、これとて一五万円である。月額一〇〇フランで暮らしている若者にとってはかなりの出費だろう。
このように、仕立屋の仕立賃というのは、生活水準に比べて相当に高かったが、このことが逆に、仕立屋をしてツケ払いを認めさせてしまう原因となったのだから不思議である。バルザックはこの経緯をこう説明している。
「問題をわかりやすいようにいうと、学生は服をあつらえるときよりも帽子を買うときのほうが慎重になるのだ。儲けが大きいために、仕立屋は必然的につけを認めることになるが、反対に、帽子屋は扱う金額が少ないので、学生が駆け引きしなければならない商人のなかでもっとも手ごわい相手となる」（同書）
帽子屋ではツケがきかないが、仕立屋ならツケもOKというのは、当時ひろく認められていた事実らしく、バルザック以外にも、このことを証言している観察者がいる。『仕立屋の生理学』を書いたルイ・ユアールである。
「靴屋は客が靴底をすり減らす前に勘定を払わせる。帽子屋は十五、六フランと引き換えでなければ絹のカストール帽を引き渡さない。［…］
ところが、ひとり仕立屋だけは燕尾服が着古されて縫い目が真っ白くなってしまうまではけっして代金を請求しない。それどころか、仕立屋がようやく決心して若者に代金を要求しても、しばしば、若者があっさりと「僕には一文もないもの」と答えることがある。そのとき、仕立屋はどうするのか？　怒り狂って髪をかきむしるとでも思うだろう。あにはからんや、仕立屋はすこしも怒らず、さらにほかの若者にも無料で服を仕立ててやるのである。もっとも、若者以外の客からは通常の倍の金額の仕立賃を取っているのだが」（同書）

しかし、それにしても、なぜ学生やダンディー志願者にだけは、仕立屋は出世払いを認めるのか？学生の場合には理由ははっきりしている。いざとなったら、勘定書を親もとに回せるからだ。そうでない場合でも、学年末や卒業時には親が帰郷のためにまとまった金を送金してくるから、それを待っていれば、ツケは回収できる。この点を『フランス人の自画像』の「仕立屋」の項目を担当したロジェ・ド・ボーヴォワールは強調する。

「法学部や医学部の試験が近づくと、仕立屋は学生をたずねていって、勉強しているかどうか質問する。試験の出来不出来が親からの送金の額に関係してくるからだ。そのため、論文の口頭審査が行なわれている三時間の間、仕立屋は学生と同じような不安を感じる」

ところが、学生が見事に試験に合格した翌朝、仕立屋が下宿を訪ねると、学生は故郷に旅立ったあとで、アパルトマンはもぬけの空。学生は親からの送金を全部レストランで散財してしまったのだ。しかし、それでも、学生は国もとに帰ってから親や伯父に事情をうちあけて、仕立屋に借金を送ってよこすのである。

いっぽう、ダンディー志願者の場合には、出世払いは、その若者がどれだけ将来有望か否かの仕立屋の判断にかかっている。というのも、ラスティニャックのように、自分の店であつらえた服を武器に社交界でのしあがってゆくことのできる若者なら、その口コミの効果は思っているよりもはるかに大きいからだ。とりわけ、オペラ座やイタリア座でパリ中の注目を集めるようなボックス席の常連になる可能性を秘めた若者なら、いわば専属モデルを雇うようなものだから、出世払いも投資のうちである。

もっとも、抜け目ないラスティニャックはそんな仕立屋の思惑などとっくに見抜いているから、この信用借りの方法を「イギリス・システム」と呼んで徹底的に利用しつくし、そのあげくに、親友のラファエル・ド・ヴァランタンにも実践させる。

「もしぼくがラスティニャックの意見どおりに、あっさりと《イギリス・システム》に切りかえさえすれば、多額の金を手に入れることもできるのだ。［…］彼によれば、人間の将来こそは、世のあらゆる資本のなかで、いちばんすばらしい、いちばん確実なものだというのだ。そういうわけで、ぼくの借金を未来の収入に賭けて、さっそく自分の服屋をぼくのお出入りにさせたのだ。《若い者》の気心をのみこんで、結婚までは代金を請求しないという職人だった」（バルザック『あら皮』山内義雄・鈴木健郎訳、東京創元社）

それでもラファエル・ド・ヴァランタンは生真面目なところが残っているので、ゴーストライターとして書いた原稿料の四五〇フランを受け取ると、仕立屋に借りを返そうとする。それを聞いたラスティニャックは怒っていう。
「《洋服屋に払う？　そんなことではなんにもなれないぞ。大臣にだってなれやしない》
《でも、たかが二十ルイでなにができる？》
《ばくちをやるんだ》
ぼくは思わず身ぶるいした」（同書）
ここで一つ内幕を暴露してしまうと、仕立屋には絶対に金を払わないというこの乱暴なやり方は、じつはバルザック自身のものなのである。バルザックは、ラスティニャックと同じように、自分の作品の中で、「パリ一の仕立て屋ビュイソン」と書くことで借金は帳消しにしたつもりでいたから、はなから借金を払う意図がなかったのだ。借金の清算を母親に頼んだときにも、母親がビュイソンへの支払いはどうするのかと問い合わせてくると、「あの男を甘やかせてはいけません」と書き送ったほどである。

＊

ところで、衣服がこれだけ高額な商品で、しかもツケで買うことができるとなると、金に困った学生やにわかダンディーたちが善からぬことを考えるのも無理はない。すなわち、ツケで燕尾服なりフロックコートをあつらえておいて、これをすぐに古着屋に売りはらって現金をこしらえ、当座の生活資金に当てるのである。あるいはその金をルーレットに賭けて一か八かの勝負に出る者もいるだろう。

しかし、いくらあつらえたばかりとはいえ、中古の服がそんなに高く古着屋に売れたのだろうか？

それが、まずまずの値段で売れたのである。十九世紀の小説を読むと、貧乏学生がとりあえず現金をそろえようとするときには、かならずといっていいぐらいに古着屋のお世話になる。

「お返しはなんとか派手にやってのけたい。そこで、新調の服をまとめて八十フランで古着屋に売り払い、それに手持ちの一〇〇フランを足して、アルヌーの事務所へ誘いに寄った。ルジャンバールが居合わせたので、三人で《トロワ・フレール・プロヴァンソー》へくりこんだ」（フロベール『感情教育』山田𣝣訳、前掲書）

平均的な学生の着る燕尾服やフロックコートは、マリユスのような貧乏学生でも一五〇フラン、多少とも格好をつけた学生なら三〇〇フランといったところだから、平均を取ると二五〇フラン前後。これが、ここにあるように八十フランで古着屋に引き取ってもらえるということは、下取り価格は、新品の場合で正価の三分の一ということになる。これは、今日の中古車市場などと比べても、中古品の相場としてはけっして悪くはない率である。しかも、古着屋は、新品でなくともよろこんで買い取ってくれたようだ。

「《顔見知りの古着屋があるが、君のフロックとズボンを買ってくれるだろう》

《そいつはありがたい》［…］

古着屋を呼ぶと、古服を二十フランで買ってくれた。時計屋へ行くと時計を四十五フランで買ってくれた」（ユゴー『レ・ミゼラブル』佐藤朔訳、新潮文庫）

では、かくも頻繁に十九世紀の小説に登場する古着屋とは、いかなる商売だったのだろうか？　そ

仕立屋

古着屋

れは、この引用の「古着屋を呼ぶと」と「時計屋へ行くと」の違いに注目すると、ヒントが得られる。すなわち、時計屋は店を構えているから「行く」必要があるが、古着屋は「呼ぶ」と、部屋まで来てくれるのである。だが、電話もない時代にどうやって呼ぶのか？　窓をあけると、たいていの場合、下の通りに、一人か二人は古着屋がいるのである。

「街路の呼び売りの中で、最も数が多いのは、間違いなく、古着屋である。夜明けから日没まで、どんな界隈でも、一歩通りに足を踏み出せば、必ずといっていいほどにこの興味深い職業の一員とすれ違い、その声を耳にすることになる。朝の早い労働者がまだ屋根裏部屋の窓をあけないうちに、どこからともなく、古着屋の一団が同時に、まるで合図でも受けたように、ありとあらゆる四つ辻、ありとあらゆる広場にいっせいに姿をあらわす。［…］さらに、フォーブール・サン＝ジャックやフォーブール・サン＝マルセルといった特別の界隈では、古着屋が途切れることなく続いて現われる。あまりにその間隔が短いので、彼らが分列行進しているのではないかと錯覚するほどである」（『フランス人の自画像』所収、ジョゼフ・マンゼール「古着屋」）

この証言はかならずしも誇張ではない。とりわけ、ラスチニャック、リュシアン、マリユス、フレデリックなどの貧乏学生が下宿していたフォーブール・サン＝ジャックやフォーブール・サン＝マルセルなどの界隈は、古着を売って当座の金をつくろうとする学生が多かったから、古着屋は「Habits, galons！ Marchand d'habits！ Marchand d'habits, galons！（アビ・ギャロン！ マルシャン・ダビ！ マルシャン・ダビ、ギャロン！）」あるいは「Habits, habits, vieux marchand！ Marchand d'habits！ Vieux habits, vieux marchand！（アビ、アビ、ヴィユ・マルシャン！マルシャン・ダビ！　ヴィユ・ザビ、ヴィユ・マルシャン！）」などと韻を踏んだフレーズを独特のメロディーに乗せて呼び売りしながら、どこかの窓があかないか虎視眈々とねらっていた。

「当てもなくカルチエ・ラタンをぶらつく。日ごろ喧噪をきわめるこの界隈も、学生がみな帰省しているいまは閑散だ。［…］古着の行商人たちが街路のまんなかに立ち止まっては、家々の窓をひとつひとつねらいをつけるように窺っているが、これぞという目星もつかぬらしい」（『感情教育』、山田𣝣訳）

古着屋は、窓から少しでも合図があると、学生のいる屋根裏部屋まで息もきらさずにのぼってゆき、さっそく商談を始める。『フランス人の自画像』のジョゼフ・マンゼールによると、学生はたいてい「このズボンならいくらで引き取ってくれる」と、少しずつ小出しにして、それぞれに値をつけさせようとするが、古着屋のほうでは「もっと、ほかにありませんか」と一式いくらで買い取ろうとする。そして、品々を一点一点、ためつすがめつ調べてから、「旦那、これでいくら御入り用ですか？」と

いう。

「この問いかけには、かならず軽蔑の表情が伴っているので、落胆した売り手はかわいそうに、自分が最初に予定していた値段を言い出す勇気がわいてこない。たいていは、もう一度うながされてからようやく希望価格を口にするが、そのときには、始めに心づもりにしていた額の半額をいうことになる」(ジョゼフ・マンゼール、前掲書)

しかし、古着屋はその値段がいくら穏当なものでも、かならずもう一度、古着を子細に調べ、計算したり考えたりしながら、それよりもはるかに低い金額を宣告する。しかし、そのときには、すでに学生の忍耐は限界に達しているので、古着屋の言い値でダンディー・セット一式を売り渡すことに同意しているのである。

古着屋はこうして買い集めた古着をタンプルの古着市場にもって行って卸の業者に転売する。卸の業者はこれらをセリ市にかけて売りさばく。かくして、学生がツケで仕立てた燕尾服やフロックコートは元値の七割か半額で、タンプル市場の小売業者の軒先に並ぶことになるのである。もちろん、売り払った当人が売値の倍以上で買い戻すこともある。

このように、十九世紀には、衣服が高かった分、リサイクル網がしっかりと確立されていたから、あつらえられた燕尾服やフロックコートは流行後れになったあとも、何人もの貧乏学生や貧乏教師の手にわたっていったのである。「衣・食・住」。当時の切実さの順序は、たしかにこの通りだったにちがいない。

17　薬剤師今昔

小説というものは、『ボヴァリー夫人』のようなリアリズム小説の場合でも、外国人の読者にもわかるようになにもかもが説明されているわけではない。だから、どうしても自分の国を基準にして読んでしまい、そのあげく辻褄の合わない部分が出てきて、面くらうことがある。その一つに、医師のシャルル・ボヴァリーがたいして儲かっているようには見えないのに、薬剤師のオメーはいたって羽振りがよく、威張っているのはなぜかという疑問があった。つまり、医薬分業の曖昧な日本から類推してこの作品を読んだのでは、フランスにおける薬剤師の地位の高さというものがなかなか理解できなかったのである。しかし、フランスで医者にかかってみて、疑問は氷解した。

まず、医者の診療室の殺風景ぶりに驚いた。机を挟んで、医者と患者がすわる椅子が二客置いてあるだけ。あとは、患者を横臥させて診療するための寝椅子 divan-lit があるにすぎない。日本の医院のようなおどろおどろしい医療器具、検査器具もなければ、色とりどりの医薬品もない。医者がすることといったら、かなり詳しい問診と、聴診、触診、それに処方箋を出すだけである。患者は、受け取った処方箋を町の薬局の薬剤師に渡し、薬を買うことになる。

これからわかるのは、医療報酬 honoraires というのは、診断と処方箋の二点からのみ発生するという当たり前の事実であり、日本の医者を金満家にしている薬漬けは、フランスでは原則的にありえないということである〔後記。近年は日本でも医薬分業が進み、医者よりも薬剤師が金満家になってきた〕。

しかし、そうなると、フランスでは、医者が儲けていない分を、薬剤師が儲けているということになるが、これは生活実感からすると、かなり当たっていると思う。というのも、薬剤師は必要以上に薬を出す傾向があるからだ。はっきりとした統計はないが、フランスでは薬剤師というのは相当に実入りのいい職業なのではないか。医薬分業は確実に薬剤師を富ませる結果になっているのである。しかも、その傾向は、この分業体制が確立した直後から現われていたようである。

「しかし、なによりも人目をひくもの、それは旅館《金獅子》の真向かいにあるオメー氏の薬局だ！　とくに晩になってからが見物である。ケンケ・ランプがともされ、店頭を飾る赤と緑のガラス玉が、二色の光彩をはるか路上に放つおりしも、この光のかなた、あたかもベンガル花火につつまれたかのごとくに、机による薬剤師の英姿がほの見えるのである。〔…〕ヨンヴィルには、このほかもう見るべきものはなにもない。通（それも目抜きの一本だけ）の長さは鉄砲をうてば端から端まで届くぐらいで、両側に数軒店があると思うまもなく、街道の曲がるところで村はもうおしまいだ」（『ボヴァリー夫人』山田𣝣訳、前掲書）

フロベールの描写によれば、なんの産業もなく、人口も少ないヨンヴィル村で、オメー氏の薬局は人目をひく唯一の建物であるという。当時はパリですらショーウィンドーというものは少なく、夜になれば街は深い闇につつまれたから、一八四〇年代の寒村におけるこのオメー薬局の豪華絢爛ぶりはあきらかに異様である。つまり、薬剤師は、村の規模や格からすると、異常なまでに金を儲けていることになる。最初に読んだときには、これはちょっと不自然ではないかという気がした。しかし、フロベールという作家はないものを想像力ででっちあげるということはけっしてなく、かならずモデルがあるはずだと思って、同時代の風俗観察を探したら、ありました、ありました。近年の薬局の豪華さを強調している文献が相当数、見つかった。

その一つは、悪党ロベール・マケールがありとあらゆるうさん臭い人物に扮して、その錬金術の裏側を披露するという趣向のドーミエの石版画シリーズ『一〇〇と一のロベール・マケール』（テクストはフィリポンとルイ・ユアール）。

アンシャン・レジームの薬屋だったボニファス氏からバティニョールの小汚い薬局を買い取ったロベール・マケールは、たちまちのうちに、これをオメー氏と同じような豪華絢爛たる薬局に変身させる。その噂を聞いたボニファス氏は、蓄財の秘密を聞き出そうと、かつての自分の店を訪れる。

「ボニファス老人は、これがかつての自分の店だとはなかなか見分けがつかなかった。それほどにマケールは店を豪華に飾り立てていたのである。彼の薬局は、ケーキ屋と見まがうほどだった。とにかく、はやっているのである。もし、黒い前掛けのケーキ売りの若い娘の代わりに、灰色の前掛けをした店員がいなかったら、この実験室で売られている甘味がなにかわからなかったにちがいない」

薬剤師

ロベール・マケールは老人にインチキな薬でも広告を派手にして、店を豪華にすれば、客は殺到すると秘訣を打ち明ける。もちろん、このロベール・マケールの説明は、全部が全部本当ではないが、真実の一部を衝いていることは事実で、大革命後の薬局と薬剤師の変貌が、商業形態の変化に順応した結果であることを雄弁に物語っている。医者は旧態依然でも、薬剤師と薬局はあきらかに大きく変わっているのだ。オメー薬局の繁盛振りは、そうした現実の反映なのである。

＊

では、医薬分業体制が確立し、薬剤師が相対的に有利になったのはいつからかといえば、正式には、執政政府の時代の一八〇三年にパリ、モンペリエ、ストラスブールの三都市の大学に薬学部が設けられ、薬剤師の資格が法律で規定されてからということになる。

もっとも、慣習的には、分業体制は中世の頃から敷かれていたと見てよいが、分業といっても内実はかなりいいかげんなものにすぎず、いたるところでクロスオーバーが行なわれていた。とりわけ、医者は、薬剤師に対して絶対的に有利な立場にあり、薬剤師を助手の一種としてしか見なしていなかったこともあって、薬を自分で調剤するケースも珍しくなかった。医者の薬剤師への不信は、当時の薬剤師が、化学的知識のない「薬屋 apothicaire」がほとんどだったということにもある。ただし、当時の医療行為というのは、瀉血や浣腸などのヒポクラテス的な療法が中心だったため、薬物治療はあまり盛んではなかったという点は考慮に入れておく必要がある。

分業という観点から問題になったのはむしろ、薬屋と食料品屋のそれである。この二つの職業は営業品目がかなり重なっていたのだ。薬剤師がギルドとして、食料品屋との差別化を図り、その一方で医師に対しても対等の関係を要求するようになったのは、十八世紀の初めに、王立の薬草園が設けられ「国王の薬剤師」という職分が明確化してからのことである。同時に、実験化学と生理学が盛んになり、一七七七年に至って、ついに、薬剤師の職分と権利・義務、それに資格試験を定めた王令が公布され、薬剤師養成のための薬学校もパリに設立された。一七八〇年にはより完全な法令が整い、薬学は立派な学問として認められ、薬剤師も尊敬すべき職業の仲間入りをした。

ところが、大革命であらゆるギルドが解体されたため、薬学行政は大混乱に陥り、素人が調剤した偽の薬で命を落とす人が続出した。事態を重く見たナポレオンの政府は、革命暦十一年芽月《ジェルミナール》（一八〇三年）と同年熱月《テルミドール》の法律で、旧体制下の薬学行政をほぼ復活させた上で、法律を改正して、学制と資格、それに刑事罰を含む薬学関係の法令をより整った形にした。以後のフランスの薬学行政はほぼこのときの法律をベースにして今日に至っている。

法令の中心点は、パリ、モンペリエ、ストラスブールに修業年限三年の上級薬科学校（後の薬学部）を設けた点と、これらの学校を卒業して、さらに薬局で三年の実習を積んだ二十五歳以上の有資格者に第一級薬剤師の資格を与えるとした点にある。

しかし、これだけでは、薬剤師の絶対数が足りず、またすでに営業している薬剤師を救済する必要もあったので、免許医に似た第二級薬剤師の資格を設けた。すなわち、薬局で八年（後に六年に短縮）の研修経験を持つ者は、医学部から派遣された二人の医師と四人の薬剤師の課す試験に合格するか、あるいは、上級薬科学校で四科目の履修ないしはその他の地方の医学・薬学準備学校で六科目の履修をした場合には、第二級薬剤師の資格を得るとした。第二級薬剤師の研修期間は、上級薬科学校で四科目の履修ないしはその他の地方の医学・薬学準備学校で六科目の履修をすれば、さらに二年間は短縮できる。単純学費は、一八六二年刊の『実用生活事典』によれば、第一級薬剤師は一三九〇フラン、第二級薬剤師は六四〇フランである。

この二本立ての薬剤師の資格は、正式医と免許医のケースとよく似ているが、学校への入学資格においても同じようなことがいえる。つまり、第一級薬剤師を目指す者は、科学バカロレアに合格していなくてはならないとされる（医者の場合とは違って文学バカロレアは必要なし）のに対して、第二級薬剤師の資格は、学校の審査員による文法試験合格者認定だけでよい。つまり、バカロレアはどんなものも要らないのである。

しかし、その分、職能の権限においては、第二級薬剤師は制限を加えられ、資格を得た当該県以外の場所での営業は認められない規定になっていた。これも免許医に準じている。

ところで、われらがオメー氏は、これら二種類のどちらの薬剤師だったかといえば、まず、第二級薬剤師のほうだったと見てよい。というのも、レオン君がパリに出るという話のついでにオメー氏はこう言っているからである。

「わたしなんぞは昔から家庭料理礼讃です。そのほうが体にずっとよい！　だからルーアンで薬学を勉強していた時分も、賄付きの素人下宿にはいって、教授方と食事をともにしたもんです」（山田

蔚訳、前掲書）

物語の時代設定からするとオメーが学生だったのは一八二〇年代だから、第一級薬剤師になるにはパリかモンペリエかストラスブールの上級薬科学校に行かなければならない。オメーは、ルーアンの医学・薬学準備学校で科目を履修して第二級薬剤師の資格を取ったにちがいない。

＊

それはさておき、ここでは、いったん、話を元に戻して、一八〇三年以降、資格修得が厳しく規制された結果、逆に医薬分業体制が確立し、薬剤師の社会的地位が上がったという点をもう少し詳しく見ておこう。というのも、この影響はわれわれが想像するよりも大きかったらしいからである。つまり、大革命で、「薬屋 apothicaire」が「薬剤師 pharmacien」になってから、薬局という概念それ自体が変わってしまったというのである。これは薬剤師について報告してあるすべての風俗観察に書かれていることである。『フランス人の自画像』の「薬剤師」の項を書いているエミール・ド・ラ・ベドリエールはこう言っている。

「薬剤師は大革命から生まれた子供である。［…］多くの社会的職業が内容には変化のないまま名前だけを変えた。［…］だが、薬屋と薬剤師の間には、深淵が横たわっている。社会的、医学的大変動がある。薬剤師は薬屋の息子だが、父親を軽蔑し否定する恩知らずの子供である。化学者ブルセと生理学によって堕落させられた改革者である。薬剤師はもはやかつての薬屋の職業的外観をとどめてはいないし、あの独特の仕草ももってはいない。昔の格好で残っているのは白いネクタイだけであり、そのネクタイが他の服の部分の黒い色とコントラストをなしている」（ラ・ペドリエール「薬剤師」）

変わったのは外観ばかりではない。主として化学用語からなる文字のレッテルが張られた各種の薬瓶や調剤用具は、訪れる客に対して、満点に近い権威付けの効果をもっていたとエミール・ド・ラ・べドリエールは指摘している。なるほど、そういわれて見ると、さきの引用で省略したオメー氏の薬局の描写には次のように薬瓶のレッテルが列挙されている。

「彼の店は上から下まで、あるいは細身の斜体、あるいは肉太の立体、あるいは整然たる活字体で、品書きがレッテルの上に書き出してある。いわく「ヴィシー水、セルツ水、バレージュ水、浄血果汁、ラスパイユ氏薬、アラビア澱粉、ダルセ咳止めドロップ、ルニョー練薬、包帯、湯の華、滋養チョコレート」等々。そして店幅いっぱいの金文字で《薬剤師、オメー》とうたってある。さらに店の奥、売台の上にしっかり取り付けた大きな精密秤の後ろには、「調剤室」という文字がガラス戸の上方に記され、戸のなかほどには黒地にまた金文字で「オメー」ともう一度念をおしてある」（山田𣝣訳、前掲書）

これは、たんにどこにでもある薬局をただ描写したというのではない。描写は、オメーの薬局がレタリングの点でも周到に権威付けの努力をしていたという事実を示そうとしているのである。

このように、医薬分業の結果、薬局の威光がいや増し、薬剤師への人気が集まると、当然ながら、医者の診断を仰がずに、いきなり薬局に薬をもらいにやってくる人間もあらわれる。ラ・ベドリエールはこう書いている。

「薬剤師の重要性は、彼の顧客の無知に正比例して増大する。顧客たちは、あまりに貧乏なので、医者に何度も足を運んでもらうと、その診療費が払えなくなるので、薬剤師から直接に薬をもらうほうを好むのである」（ラ・ペドリエール、前掲書）

ようするに、有能で人気のある薬剤師ほど、医者の代行をするという誘惑に陥りやすいというわけである。われらがオメー氏などはその典型である。

「彼は以前、医師の免状なき者は医術の実施に携わるべからずと規定する、革命暦十一年風月《ヴァントーズ》十九日（一八〇三年三月八日）付、法令第一条に違反したことがあった。密告する者があって、オメーはルーアン市初審裁判所の検事個室に出頭を命ぜられた。［…］薬剤師の耳は、このまま脳溢血で倒れるのではないかと思うほどがんがん鳴った。最下層の地下牢、涙にくれる家族の姿、薬瓶がみんな散乱して薬局が売りに出されている光景などが目先にちらついた」（山田𣝣訳、前掲書）

結局、オメー氏は起訴されず、説諭にとどまったのだが、喉元過ぎれば熱さを忘れるで、最近はまた奥の間で違法な診療行為を始めているのである。オメーが、ボヴァリー一家にはなにくれとなく世話を焼いているのは、あらかじめ恩を売って口封じをしようという意図があったからなのである。おかげで、ヨンヴィルに来てからのシャルルは患者がいっこうに付かなかった。そして、妻のエンマの浪費もあって破産するのだが、そのあとを継いだ医者たちも同じ目に会う。

「ボヴァリーの死後、三人の医者が相ついでヨンヴィルに開業したが、ひとりとして立ちゆかなかった。オメー氏が待ちかまえていて、ひねりつぶすからである。氏の顧客はその数知れず、当局は氏

をはばかり、世論は氏の肩を持つ」(同書)

＊

ところで、薬局が繁盛し、金がたまればオメー氏のような野心的な薬剤師の欲望が満たされるかといえば、事態はそれほど単純ではない。というのも、金をためた彼らは、今度は名誉というものがほしくなるからである。

とはいえ、いまさら第一級薬剤師の試験に挑戦するほどの気力はない。となると、残された途は、画期的な新薬を発明して、権威筋からのお墨付きをもらうこと、あるいは著作を刊行して、著者となることである。

ラ・ベドリエールは、『フランス人の自画像』で、薬剤師のボニソン氏がこの名誉心に駆られて、ササフラのエッセンスから作った回生・浄血シロップを作ったことを述べ、それがどのようにして売り出されたかを描いている。すなわち、メダルのマークにはめ込んだ見出しの下に、提灯持ちの宣伝記事が載り、その下に愛用者からの感謝状とパリ大学医学部教授の推薦文が続くという、現在もなお通用している体裁の薬の広告である。この広告のおかげでボニソン氏は一躍金満家になることに成功する。そして、その一方で、『植物医療新体系』なる本を上梓したりもする。

オメー氏も同じ野心に取りつかれる。すなわち、新案特許のりんご酒の製法をパンフレットにまとめてルーアンの農学協会に送っただけでは気がすまず、『ルーアンの燈火』の常連寄稿家となって浮浪者拘留キャンペーンを行ない、さらにはいよいよ畢生の大作に取り掛かることになる。

「彼はジャーナリズムの小天地に跼蹐《きょくせき》するにあき足らなくなった。いまや一巻の書が、著作がなくてはかなわぬ！　彼は『ヨンヴィル地区の一般統計、ならびに気候学的観察』をものにし、ついで統計学を通り越して哲学に向かい、社会問題、貧民層の善導教化、養魚法、弾性ゴム、鉄道などの諸般の大問題を考究した。ついに彼は俗人《ブルジョワ》たることを恥じるに至った。「芸術家」をもって任じ、煙草を吸った！　客間に飾るのに、ポンパドゥール・スタイルの「シックな」小彫像を二つ買い込んだ」（山田𣝣訳、前掲書）

しかし、それでもオメーの野心は満たされなかった。勲章がほしかったのである。そこで権力に接近を図ったり、国王にまで嘆願書を出して色よい返事を待った。そして何度かの挫折のあとで、物語の最後の最後で、ついに念願をかなえる。あの『ボヴァリー夫人』の締めくくりの一行である。

「氏は最近名誉勲章をもらった」

ラ・ベドリエールの記述と照らし合わせると、ボニソン氏とオメー氏はおそろしく似ている。フロベールは、どの村や町に

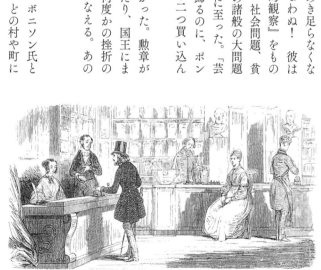

も必ずいる薬剤師の特徴を何重にも重ね合わせることで、オメー氏の不朽の肖像をつくったのである。

ラ・ベドリエールのいうように、薬剤師が大革命から生まれた子供であるとするなら、オメーこそは、大革命の作り出した医薬分業体制の申し子だといってよい。

18　警察物語

十九世紀のフランス文学で一番名の知れた刑事といったら、だれしも『レ・ミゼラブル』で主人公のジャン・ヴァルジャンをどこまでも追いかけ回すジャベール刑事をあげるだろう。刑務所の中で女トランプ占いと徒刑囚の間に生まれながら、「権威に対する尊敬と反逆に対する憎悪」からトゥーロンの徒刑場の獄吏となったジャベールは、怪力無双の徒刑囚ジャン・ヴァルジャンと出会って以来、宿命のように彼のあとを追う。すなわち、ジャン・ヴァルジャンがマドレーヌ氏となってモントルイユ・シュル・メールの市長の座につくと、同市の警部に転じてマドレーヌ氏の正体を暴き、ジャン・ヴァルジャンがパリに舞い戻ると、今度はパリ警視庁にスカウトされて再びジャン・ヴァルジャンの追跡を開始するのである。

ところが、『フランス警察の歴史』（タランディエ書店）の著者ジョルジュ・カロによると、ジャベールのこの経歴はかなり不自然であり、ヴィクトル・ユゴーは警察機構のヒエラルキーを正しく理解してはいないという。

「ユゴーはジャベールをまず市長の管轄下にある地方警察の一員として設定している。ページによって、ジャベールは officier de paix、officier de police、agent de police などの役職とされている。次に、ユゴーはジャベールをパリ警視庁に勤務させている。これらから判断するに、ヴィクトル・ユゴーは警察の機能、権能、ヒエラルキーなどをかなり誤解しているとしかいいようがない。この点にかんして、ユゴーは重大な過ちを犯している」（カロ『フランス警察の歴史』）

ユゴーでさえよくわからなかったのだから、われわれに十九世紀フランスの警察の機能、権能、ヒエラルキーが理解できるはずはない。カロの本に従って、ひとつここでは、十九世紀、とりわけ、前半の警察のことを勉強してみよう。

＊

警察の機能としては、大きくわけて、犯罪者を取り締まる司法警察、交通・衛生・産業などの社会秩序を担当する行政警察、テロ集団などを監視する公安（治安）警察があるが、警察といえば第一の司法警察を思い浮かべるのが普通だから、以下、司法警察に限定して議論を進めることにする。ただ、そうはいっても、中世以来の警察組織の起源を頭にいれておかないと、なにかと混乱を来すので、まずどういう形で警察が生まれたのかというところから話を始めたい。

＊

今日の概念に近い警察というものがフランスに登場したのは、十三世紀、聖王ルイの時代である。この時代、今日のパリ市長に当たる prévot de marchands（商人代表）を数度にわたってつとめたエチエンヌ・ボワローは、パリ住民の要望を入れて、各種同業組合に輪番制で「夜警 guet」を出すように命じた。Guet des Métiers あるいは Guet bourgeois と呼ばれたこの夜警組織は、今日なら自警団に近いが、いちおうこれが警察の起源とされる。

しかし、この夜警団は、なにかと理由をつけて任務をさぼる組合が出たため、「居眠り夜警 Guet dormant」とあだ名されるようになったため、やがて、警察の役割は、昼間の警備を担当していた国王直属の「国王巡査 Guet royal」や、国王によって任命された「パリ長官 Prévot de Paris」（本部は最高裁 Grand Châtelet に置かれる）所轄の十二人の「警視＝調査官 commissaire-examinateur または commissaire-enquêteur」に移行するようになった。

とりわけ、後者の警視＝調査官は、十二人というその数が当時のパリの十二区に相当するところから見ても、commissaire（警視）という言葉の起源となったもので、「巡査 sergent à verge」を従えた事実上のパリ警察組織のはじまりと見てよい。この役職はフランソワ一世の代に増員されて、「シャトレの警視 commissaire au Châtelet de la prévôté et vicomté de Paris」と呼ばれるようになったが、それが所属する「パリ長官 Prévot de Paris」という役職がなくなったため、その権能はかなりあいまいになったようだ。

これに代わって、パリで警察の実質的な役割を果たしていたのが、司法組織のパリ高等法院 Parlement de Paris に属する「短服司法長官 lieutenant criminel de robe courte」とその配下の「射手 archer」と「警官 sergent」で、パリ高等法院の力が強まるにつれ、その権能も強化された。

いっぽう、地方の警察組織はどうなっていたかというと、こちらはフランスの「元帥 maréchal」たちが組織する「元帥隊 maréchaussée」が担当し、三十三の区域に「元帥隊長 Prévot de maréchaussée」を置いて、これが「隊員 brigade」を指揮していた。

*

しかし、これらの警察組織は権能が入り組んでいたため、フロンドの乱などの反乱が起きると、組織同士が対立し、あい戦うというような事態も起こった。そこで、ルイ十四世は一六六一年に親政を開始すると同時に、警察組織の整備に手をつけ、一六六七年から一六六九年にかけて、「警察長官 lieutenant général de la police」という役職をパリと地方に設けて、各所に分散していた警察力をこれに一体化するようにつとめた。

一七〇二年には、かつてパリ長官の配下に置かれていたシャトレの警視を組織変えして、パリ警察長官の直属とし、パリの十二の区にこのシャトレの警視を四人ずつ四十八人配備して、その下に「巡査 sergents, exempts」を置いた。

この四十八人の警視というのは、これ以後、さまざまに警察機構が変わっても常にパリ警察の中枢に位置する核のようなものとなり、制度的に生きのこって、一八六〇年にパリが二十区に拡大されるまで実質的に司法警察の屋台骨を担うこととなる。

この四十八人の警視については、バルザックが『浮かれ女盛衰記』の中でこういっている。

「四十八人の警視が四十八の小型の摂理のようにパリの番をしており、そこに、彼らが一区あたり

四人ずつであるため、盗賊たちが彼らにつけた四分の一眼という名前の由来もある」(『浮かれ女盛衰記』寺田透訳、東京創元社)

これとは別に、一七〇六年には、「警部 inspecteur de police」という役職がつくられ、二十人がこれに任命されたが、私服刑事にあたるこの警部は、警視の部下ではなく、同等の資格と同額の給料を与えられた存在であり、犯罪人の逮捕・監視のほかに、娼婦を取り締まる風俗警察、テロ集団を監視する公安警察などの影の部分を担当し、その下に「ハエ mouche」と呼ばれた「密偵 observateur」と、「下バエ basses mouches」という名の「情報提供者 informateur」を従えて、内偵捜査にあたった。

この警視と警部という二つの役職と組織は、今日的にいえば、前者が制服組、後者が私服組ということになるが、いずれも、国王の直属組織で、この点が、いかにも絶対王制下の警察にふさわしかった。

*

ところが、一七八九年に大革命が起き、国王の権力が剝奪されると、こうしてせっかく整えられた国王直属の警察機構は、専制政治の象徴と見なされて完全に解体され、あらたに革命政府の組織した警察機構がこれにとってかわることとなる。

警察機構大改革の眼目を述べておくと、まず警察長官、最高裁 Châtelet、パリ高等法院が廃止されたことが大きい。警察長官はパリ市長およびそれぞれの自治体の長が兼務し、最高裁はパリ市警察法廷 Tribunaux de police municipal に衣替えし、パリ高等法院は再生しなかった。

警　視

もっとも、パリの実質的な警察実務を担当していた四十八人のシャトレの警視は、人民によって選ばれた四十八人の「警視 commissaire de police」に取って代わられただけで、実際の職務はそれほどに変わらなかった。いっぽう、私服刑事に相当する「警部 inspecteur de police」は、いったん完全に解体されたあと、一七九一年に二十四人の「刑事部長 officier de paix」という名称で復活し、ほぼ以前の職務を遂行するようになった。

警察組織の中で、唯一革命の大ナタに耐えて生き抜いたのは、もっぱら地方、とりわけ農村部の警察機能を受け持っていた元帥隊 Maréchaussée で、これは名称を国家憲兵隊 Gendarmerie nationale と変えただけで、組織をほぼ温存し、陸軍省（国防省）の管轄に入って、今日まで脈々と命を保つことになる。なお、パリ高等法院管轄の短法服司法長官とその配下の部隊はこの憲兵隊に統合され、パリ憲兵隊として所轄を受け持つこととなった。

ただ、大革命が進行し、ロベスピエールの公安委員会 comité de sureté générale が全権力を掌握すると、この公安委員会に属する警察部隊が超越的な権能をふるっていたので、どの警察組織もじゅうぶんに機能していたとはいいがたい。

警察組織がふたたび動き始めたのは、一七九四年のテルミドールの反動でロベスピエールが失墜したあとである。まず、パリ市長という職務がなくなって集団指導態勢の中央事務局 Bureau central がこれに代わり、公選の四十八人の警視を同数の任命制のそれに替えた。

いっぽう、二十四人の「刑事部長 officier de paix」はいったん廃止されたあと同じ名称で復活した。

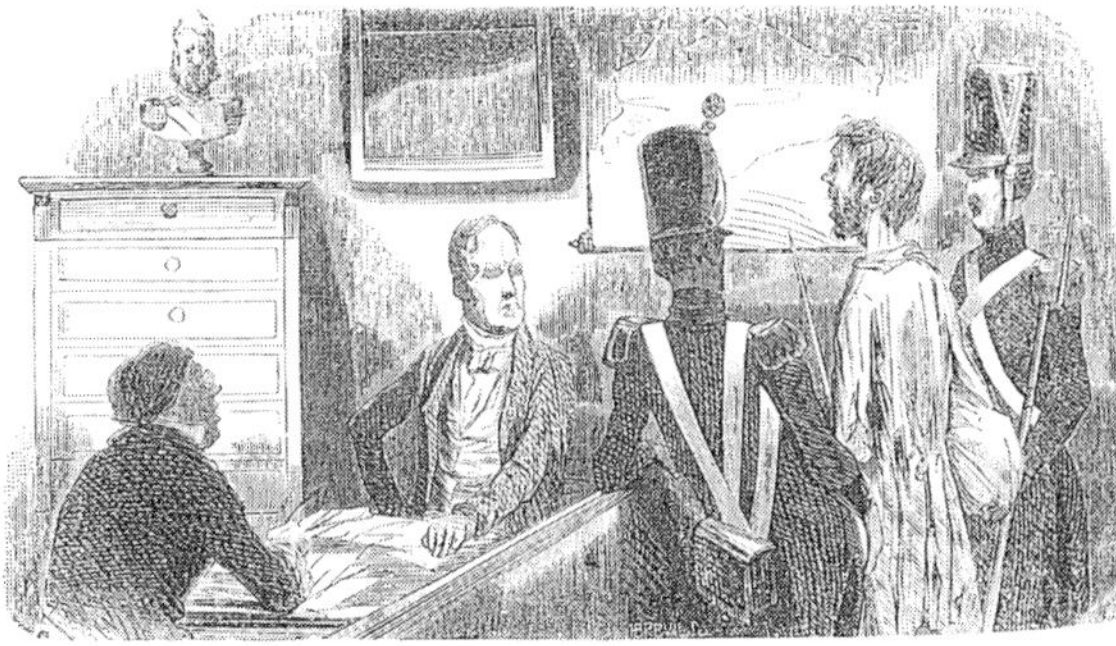

ヒエラルキーの上では、刑事部長は警視と同格で、同じ俸給をもらい、行政警察関係を担当した。
これに対して、大革命のときに廃止された「警部 inspecteur de police」は、名称と同時に私服刑事的な職務権能も回復したが、復活後は、警視あるいは刑事部長に従属する下位の職種いわゆる平刑事となったのが注目にあたいする。これでようやく、「警視 commissaire de police」あるいは「刑事部長 officier de paix」→「警部 inspecteur de police」→「巡査 sergent de ville」というヒエラルキーができあがったからである。

＊

しかしながら、警察機構がより近代的なものに整備されるには、ナポレオンによる改革を待たねばならない。ナポレオンの改革の主な点は、共和暦八年（一八〇〇年）にパリに「警視総監 Préfet de police de Paris」、地方に県知事と警察長官を兼ねた「県警長官 Préfet」を置いたことである。

このうち、県警長官は、一七九六年に誕生した警察省 Ministère de la police générale の警察大臣に直属し、地方行政のあらゆる権能を掌握していた。

なお、この警察大臣は、その初代大臣ジョゼフ・フーシェが自分の権力の保持のためにつくったような職で、ナポレオンの権力の掌握が終わった一八〇二年にいったんは廃止されるが、カドゥーダルの陰謀が一八〇四年に起こったのをきっかけに復活し、ふたたびフーシェがその地位につく。フーシェの時代に、警察大臣と県警長官の関係はより密接になり、はじめて全国規模の警察組織が完成したと見なすことができる。

地方には、このほか、人口一〇万人以上の三都市リヨン、マルセイユ、ボルドーに「広域警察署長commissaire général de police」が置かれたが、これは後に、他の二十六都市にも設置されるようになる。実動部隊はもたず、もっぱら、行政警察と、警察省関係の公安警察業務を担当していた。

いっぽう、警視総監は、革命以前に「パリ警察長官lieutenant général de la police de Paris」のもっていた権能が復活したものと思えばいい。すなわち、それは警察大臣に従属するというよりも、むしろそれと同格以上の広大な権能を有し、政府によって直接任命された。

この警視総監を長に戴くのがパリ警視庁Préfecture de police de Parisで、各街区担当の四十八人の警視、一八二二年から本局詰めと権能が規定された二十四人の刑事部長、およびその配下の平刑事である警部と巡査が、実動部隊となって働いていた。地方の警察組織においても、ヒエラルキーは、ほぼこれに準じていたものと思われる。

以上がナポレオン治世下の公式な警視機構だが、これとは別に一種の秘密警察のような組織があり、多くの密偵を犯罪者の間に放って、情報収集を行なっていた。パリ警視庁保安部 Bureau de sureté parisienne がそれである。これはナポレオン帝政期に警視総監に次ぐ部長の位置にあったアンリ警視が密偵捜査のために一八一二年に作った組織で、アンリ部長により、かの有名なフランソワ・ヴィドックがこのパリ警視庁保安部の特捜班 brigade の班長に抜擢されている。

一八一五年にナポレオンが失脚し、王政復古となったが、警察機構は、警察省と警察大臣が一八一八年に廃止になった以外はほとんど変わらず、七月王政でも、ほぼそのままの組織が引き継がれた。とりわけ、パリ警視庁の組織は、巡査の呼び名が時代によって異なる程度で、基本的には、二十世紀まで同じ機構が受け継がれることとなる。

＊

さて、長々と、警察機構の変遷について解説してきたが、少なくとも、この程度のことは頭に入れておかないと、ユゴーやバルザックの作品に登場する刑事や警官がヒエラルキーのどのあたりに位置するかがなかなかつかめないのである。

まずなにはともあれ、ジャベールである。ジャベールはさまざまな状況から判断して一七八〇年前後に生まれたものと推定される。最初にトゥーロンの徒刑場で看守補となったとあるが、トゥーロンの徒刑場は海軍省の管轄だから、憲兵隊の末端に属していたものと考えられる。それが、一八二〇年代の初めに、四十三歳でモントルイユ・シュル・メール市警察の「警部 inspecteur」に転じたのは、当時の有力者の引きがあったためであるという。

「ジャベールが現職についたのは、当時パリの警視総監だった国務大臣アングレース伯爵の秘書官シャンブイエ氏のおかげだった」(『レ・ミセラブル』佐藤朔訳、前掲書)

たしかに、アングレースは一八一五年から一八二一年まで警視総監の職にあった。この点では誤りはない。しかし、少しでも考えてみればわかるように、リアリズムからすると、トゥーロンの憲兵隊の一獄吏が、いかに警視総監の秘書官の引きがあったとはいえ、ノルマンディーの町の警部に転ずるというのは、いかにも唐突な出世である。憲兵隊と警視総監と地方都市の市警はまったく別の組織だからである。しかも、ジャベールはこのあと、パリ警視庁に引き抜かれるのである。

「ジャベールは捜査を助けるためにパリに呼ばれた。ジャベールはやはりジャン・ヴァルジャンを捕まえるのに大きな力となった。このときのジャベールの熱心さと有能さが、アングレース伯爵のもとで警視総監の秘書をしていたシャンブイエ氏にみとめられた。シャンブイエ氏は前にもすでにジャベールに目をかけていたので、このモントルイユ・シュル・メールの警部を、パリ警察に任命した」(同書)

おそらく、こうした部分を指して、カロはユゴーの記述がかなりいいかげんだというのだろう。市警の警部がいきなり管轄ちがいのパリ警視庁の警部になるはずはないと。

しかし、あくまで『レ・ミゼラブル』は物語なのだから、これぐらいのご都合主義はゆるされるのではないか。ジャベールはジャン・ヴァルジャンを追いかけるためとあらば、どんなところにでも現われるとあらかじめ決まっているのだから。

それはともかく、ここでジャベールの正式な最終経歴を次に記しておこう。彼がバリケードに忍び込んでガヴロッシュに見破られたとき持っていた身分証明書にはこう記載されていた。
「ポケットから、二枚のガラスに糊づけされた小さな丸いカードが発見された。片面には、《ジャベール、警部 inspecteur、五十二歳》とあり、当時の警視総監ジスケ氏のサインがしてあった」(同書)
ジャベールは四十三歳でモントルイユ・シュル・メールの「警部 inspecteur」になったが、九年たってもあいかわらずの平刑事の inspecteur で、警視にも刑事部長にも出世していない。あくまで現場で生きた人なのである。なお、引用にあるジスケというのは共和派の弾圧に勇名を馳せたことで知られる実在の人物で、たしかに一八三一年から一八三六年まで警視総監をつとめていた。『レ・ミゼラブル』のバリケードは一八三二年のサン゠メリ蜂起を扱っているから、時代的にはあっているのである。
ところでジスケが警視総監の任にあったこの時代に、かつてヴィドックを雇っていたパリ警視庁公安部で、一八三〇年から一八四五年までじつに十五年間も「部長 chef de bureau」をつとめたことになっている人物がいる。
「ジャック・コランは十五年ばかりその職責をつくした後、一八四五年頃引退した」(『浮かれ女盛衰記』寺田透訳、前掲書)
ジャック・コラン、すなわち我らがヴォートランである。ヴォートランはバルザックがヴィドックをモデルに造形した人物で、『ペール・ゴリオ』『幻滅』『浮かれ女盛衰記』三部作で大活躍するが、この公安部長になってからもときどき《人間喜劇》のあちこちに端役で顔を出す。

しかしながら、《人間喜劇》における執念深い刑事ということになったら、なんといっても、『浮かれ女盛衰記』で、このヴォートランと死闘を繰り返し、ついにヴォートランの愛するリュシアン・ド・リュバンプレを自殺に追いやったコランタンとペイラードのコンビに登場願わなくてはならない。

次章では、このコランタンとペイラードの足跡をたどることで、警察の内部事情について調べてみよう。

19　警察物語2

日本でも《プリンス・マルコ》シリーズで知られるフランスの作家ジェラール・ド・ヴィリエに《刑事コランタン》シリーズというのがある。パリ警視庁司法警察局風俗取締部主任刑事ボリス・コランタンが活躍する、たいへんにアクの強い警察推理もので、日本でも国書刊行会から《パリ風俗犯罪ファイル》という総題のもとに翻訳が出ている。ところが、第一巻の訳者は、登場人物の中にコタール、モレル、サン・ルー、シャルリュスなど『失われた時を求めて』から取ったとおぼしき名前が多いことを指摘しながら、肝心のコランタン刑事のことには触れていない。たぶん、コランタンの名前の由来を知らなかったのだろう。しかし、これはたとえてみれば、フランス人が『金田一少年の事件簿』を仏訳するとき、横溝正史の金田一耕助を知らないというのに等しいことで、ちょっと困ったなあという感じである。バルザックの『暗黒事件』や『浮かれ女盛衰記』を読んだことがなくても、あの名刑事、というよりも生まれついての「犬」コランタンの名前くらいは知っていてほしいものである。

このジェラール・ド・ヴィリエの例をあげるまでもなく、フランスの推理小説や警察小説の作者たちにはバルザックの愛読者が多いらしく、『さらば友よ』の映画監督だったジャン・エルマンなどは、作家としてデビューするに当たってバルザックからヴォートランの名前を借りて、ペン・ネームをジャン・ヴォートランとしたほどである。ことほどさように、悪の帝王ヴォートランと刑事コランタンが手に汗握る一騎打ちをする『浮かれ女盛衰記』は彼らの聖典のひとつになっているのだろう。

＊

さて、コランタンである。推理小説とか刑事ものとかのジャンルが生まれる以前の小説のなかで、これほどに強烈な印象を与える刑事《デカ》はいない。『レ・ミゼラブル』のジャベールも、コランタンの前に出たら顔色ないほどである。

しかし、コランタンは同じ刑事でも、後の推理小説や警察小説の刑事とは少し位相がちがうところに位置している。なぜなら、彼は、司法警察、つまり殺人や強盗などを捜査する警視庁管轄の刑事ではなく、陰謀だとか暴動などの政治的事件を担当する内務省の「政治警察」に属する刑事だからである。いいかえれば、コランタンは、二十世紀のイデオロギー時代にゲシュタポとかゲー・ペー・ウーといったかたちで成立する秘密警察の元祖なのだ。この点をまず頭にいれておく必要がある。

しかし、コランタンを語るにあたっては、彼の部下であるペイラードから先に扱わなければならない。というのも、ペイラードのほうが、コランタンの先生だからである。コランタンはベテラン刑事だったペイラードについて捜査学のノウハウを学び、藍より青くを地で行って、先生をしのぐ名刑事になったのだ。

　では、バルザックの小説にしばしば登場して、刑事魂《デカ》の権化のようなすさまじい執念を見せるペイラードとは、どんな人間だったのだろうか？

『浮かれ女盛衰記』には、ペイラードは南仏のカンコエルで生まれ、十七歳でパリに出て一七八二年に、ルイ十四世創設のパリ警察庁 lieutenance générale de Paris に入って、最後の「パリ警察長官 lieutenant général de Paris」ルノワールとアルベールの腹心の部下となったとある。大革命とそれに続く混乱の間は不遇をかこったが、「第一統領がパリ警視庁と警察省の組織作りを完成すると、伝統に与する人間だったペイラードは、コランタンという名の男と協力して、人員をそろえた」（前掲書、以下引用はすべて同書）と書かれているから、ペイラードはイデオロギーとはいっさい関係なく、テクニカルに警察技術を伝承した職人的な刑事、というよりも典型的な「岡っ引き」だったとみてよい。

　ところで、このペイラードに目をかけられたコランタンだが、こちらは警察長官フーシェの隠し子と噂され、ペイラードよりも若かったにもかかわらず、ペイラードをはるかにしのぐ天才的な刑事だった。「ペイラードは、ヴィアンがダヴィッドを育てたようにコランタンを教育したが、生徒はすぐに先生をしのぐようになった」

　ペイラードとコランタンはいずれも、フーシェの作った警察省 Ministère de la Police générale の方の職員で、そのうちの秘密警察を担当していた。ペイラードとコランタンは『暗黒事件』では、フーシェの命を受けてオーブ県のゴンドルヴィルに侵入し、絶妙のコンビを組んで複雑な事件を捜査する。

警　官

その結果、ペイラードは、ナポレオンが占領していたオランダ王国のアントワルペン（現在はベルギー）の「広域警察署長 commissaire général de police」に任命され、かなり羽振りのよい暮らしを送ることになる。

この広域警察署長という地位は、前にも述べたように、ナポレオン時代に、最初、リヨン、マルセイユ、ボルドーの三都市に置かれ、後に、他の大都市にも設置されたものである。バルザックは、このアントワルペンの広域警察署長について、こう説明している。

「ナポレオンの考えでは、この一種の警視庁は、全オランダを監視する警察省に相当するものだった」

つまり、大都市に置かれた広域警察署長は、その地域の警視総監的な高い地位だったのである。しかし、ペイラードはこのあと、フーシェを助けて活躍しすぎたため、ナポレオンの不興を買い、不法徴税の濡れ衣を着せられて、投獄されてしまう。コランタンによってなんとか牢から救い出されるが、王政復古まではコランタンに生活資金を援助してもらって、娘のリジーと二人でほそぼそと暮らすことになる。サン＝トノレ通りのはずれにあるモネー通りのカフェ・ダヴィッドの常連となって、カンコエルおやじという名前で親しまれるが、じつは、ここで、元警察省の刑事でいまは債務者拘留状執行官をしているコンタンソンとひそかに連絡を取り合って、情報をコランタンに流していたのである。ヴォートランがニュッシンゲン男爵相手に仕組んだ罠についての情報もこのルートから入ってきたのだ。

いっぽう、コランタンはというと、フーシェの在任中はもちろんのこと、フーシェがナポレオンから遠ざけられたあとも、警察省にとどまり、事実上の最高実力者となっていたらしい。バルザックはこう書いている。

「コランタンは、警察省では元帥《コネターブル》と呼ばれたあの将軍の一人としてとどまり、ロドヴィゴ公のもとでも、オラント公のもとで占めていたのと同じ高位を占めていた」

オラント公というのはフーシェで、ロドヴィゴ公というのがその後任のサヴァリーである。つまり、コランタンは政変にかかわりなく一貫して警察省のナンバー二であり、実質的に秘密警察の長官のような役割を果たしていたのである。

＊

ところで、この警察省は、警視庁が「司法警察」と呼ばれていたのに対して、「一般警察 Police générale」と呼ばれて、区別されていたことに注意しなければならない。これは警察省の正式な呼び名が、「一般警察省 Ministère de la Police générale」だったことから来ている。

バルザックは、これを「政治警察 Police politique」という言葉でも呼んでいる。ニュッシンゲン男爵に探偵として雇われるためにやってきたルシャールという債務者拘留状執行官の口を借りて、バルザックはこの二つの組織の関係をこう説明している。

「いいですか、パリには二つの別の警察があるんです。政治警察と司法警察です。司法警察の捜査官はけっして政治警察には口出ししません。逆もまた真なりです。［…］ところで、政治警察も司法警察も、同じように管轄主義です。ですから、〔政治警察の〕内務省の人間は国家のために、〔司法警察の〕警視庁の人間は司法のためにしか動きません」（〔 〕内は引用者）

すこし言葉を補うと、この小説の時代背景となっている王政復古期の末には、司法警察が警視庁の管轄でありつづけたのに対し、政治警察は警察省が一八一八年に廃止されたのにともなって、権能の多くを内務大臣と内務省の管轄下に移していた。したがって、帝政期にフーシェの警察省の果たしていた政治警察の機能は、内務省の「一般警察部 Direction de la Police générale」が代行することになる。そして、この内務省の部門がひきつづいて、一般警察とか政治警察と呼ばれることになるのである。これは警視庁（司法警察）とはことごとく対立し、ときに暗闘を繰り返すことになる。

*

話をコランタンに戻すと、コランタンは、警察省解体後も、秘密警察の最高実力者として内務省にとどまっていたので、失業中のペイラードをなんとか復職させようとする。

「一八一六年、コランタンは、ボナパルティストのゴディサールの企てた陰謀を事前に発見したことで、ペイラードを王国一般警察 Police générale de Royaume に復活させようとしたが、正体不明の勢力によってペイラードは退けられた」

ここに Police générale de Royaume としてあげられている組織は、内務省の「一般警察部 Direction de la Police générale」のことである。つまり、コランタンはペイラードを古巣の警察省の後継組織である内務省の一般警察部に復帰させようとしたが果たせなかったのである。その理由は、コランタンとペイラードともう一人の部下コンタンソンが、ルイ十八世の私設警察たる「秘密警察 contre-police」をひそかに組織していたからである。コランタンは秘密警察の最高実力者だったが、この策動があだになって内務省には彼を快く思わない勢力が生まれていたのだろう。

一八二二年にルイ十八世が死ぬと、このコランタン・グループも勢力を失う。それでも、コランタンは秘密警察の正式職員だったからいいが、ペイラードとコンタンソンはあくまで密偵にすぎなかったので、収入の途も途絶えた。コンタンソンは先に触れたように債務者拘留状執行官となって、糊口の資を得るが、ペイラードはすでに七十を越えていたので、それもかなわなかった。しかし、ペイラードはどうしても定職を得る必要があった。というのも、隠し子リジーをなんとか実直な人間に嫁がせたいと思っていたからである。これがペイラードの最大の弱点で、後にここをヴォートランに衝かれることになる。

「そのため、とりわけ三年ほど前から、ペイラードは、警視庁でも王国一般警察部 direction de la Police générale de Royaume でもいいから、なにか見栄えがよくて人に自慢できるような地位につきたいと思っていた。そこでとうとう彼は自らひとつの地位を考え出すに至った。それは彼がコランタンにいったところによると、遅かれ早かれ必要が痛感されるであろう地位なのである。なにかというと、警視庁に情報課をもうけることである。これは、狭い意味でのパリ警察 Police de Paris と、司法警察と、それに王国警察 Police de Royaume との仲立ちとなるものだったが、その目的は、direction générale がこの分散している権力を統括できるようにするためだった」

ペイラードの再就職運動を巡るこの引用には、パリの警察の複雑な構造がそのまま反映されているから、われわれが警察組織の区別をつける上では都合がよい。

まず、事態を複雑にしているのは、バルザックが同じものをさすのに、正式名称でいったり、略語でいったりしていることだが、ここでの名称を整理すると、次のようになる。

（1）Direction de Police générale de Royaume、Police de Royaume、direction générale はいずれも、フランス王国内務省一般警察部のことである。この部局の長は「長官 directeur général」である。

（2）狭い意味でのパリ警察 Police de Paris と司法警察、警視庁の関係はどうなのかというと、それはおそらくこうなのではないかと思われる。

つまり、司法警察とは基本的にパリ警視庁のことであるが、警視庁の中には、日常的に地区の治安を担当する四十八人の「警視 commissaire」（十二の区に四人ずつ、ということは各街区 quartier に一人ずつ）の配置された警察署 commissariat の部門とは別に、シテ島の警視庁に置かれた本局（一八二二年から中央警察 Police centrale、一八二八年からパリ市警察 Police municipale と呼ばれる）があり、ここには、二十四人の「刑事部長 officier de paix」がいて、これが一四〇人の「警部 inspecteur de police」と多数の「警官 sergent de ville」を擁してパリの治安維持にあたっていた。狭い意味でのパリ警察ないしはパリ市警というときには、この本局のことをさす。パリ警視庁には、このほか刑務所の部門、尋問部門（予審判事の部門）、公安部門などがあるが、狭い意味でのパリ警察あるいはパリ市警という場合にはこれらの部門は含まれないようである。逆にいえば、この残りの部分がバルザックが司法警察と呼ぶものの実体かもしれない。

＊

さて以上のことを頭にいれた上で、『浮かれ女盛衰記』を読んでみると、初めてよくわかってくることがある。一つはパリ警視庁（司法警察）とフランス王国内務省一般警察部（政治警察）の対立が、巧みにストーリーに取り入れられていることである。

たとえば、ジャック・コラン（ヴォートラン）は、ペイラードがニュッシンゲン男爵の探偵として雇われ、エステルがリュシアンの家に隠れていることを突き止めたのを知ると、さっそくリュシアンに夢中になっているセリジー伯爵夫人を動かして、その夫から警視総監に圧力をかけペイラードの捜査を中止させる。おかげで、元々正式な警察職員ではなかったペイラードは、頼りにしていたわずかな警察年金も停止されてしまう。警視総監はペイラードが警視庁の部下ではなく、警視庁とは犬猿の仲の警察省出身の刑事だったからこそ、いとも簡単にセリジー氏からの要請に応じたのである。

また、コランタン、ペイラード、コンタンソンの三人と戦うため、ヴォートランが手下を使って秘密警察を組織し、イギリス人に扮したペイラードを拉致するときにも、ヴォートランは、警視総監から派遣された「刑事部長 officier de paix」であると名乗って、ペイラードを馬車に乗せることに成功する。ペイラードはヴォートランを観察するが、ヴォートランは見事に、「刑事部長 officier de paix」になりおおせている。

「それは、この〈平和の官吏 officier de paix〉と二律背反的に呼ばれている下級の司法官の以上でも以下でもなかった」

この場合も、ペイラードは、ヴォートランが警視総監の回してきた「刑事部長officier de paix」と名乗っていたので、長年の対立関係から、そういうことも当然あるだろうと思い込んですなおに馬車に乗ったのである。

しかし、警視庁と内務省一般警察部の対立がもっとも見事なかたちで要約されているのは、逮捕されたヴォートランと老人に変装したコランタンが検事総長グランヴィルの見ている前で対決し司法取引する場面だろう。コランタンはヴォートランが自分の部下として政治警察に入れば、全面赦免状を出した上で、いずれは後継者の地位につけるだろうと約束する。だが、ヴォートランはこの申し出を蹴って、次のようにいう。

「われわれはリュシアン、ペイラード、コンタンソンという死体三つ分の距離だけ離れている。われわれは、お互いの剣の長さを計りあった。剣は同じ焼き、同じ大きさだ。たがいに尊敬しあおうじゃないですか。だが、わたしはあなたの部下ではなく同格でいたい。あなたのような武器をもっていては、あなたはあなたの副官にとって危なすぎる将軍だ。たがいに間に溝をほっておきましょう。あなたがわたしの領分に足を踏み入れると危険ですよ。あなたの名前は「国家」だ。ちょうど、下男の呼び名が主人と一緒なのと同じにね。わたしはといえば、自分の名前を「司法」としたい。われわれはこれから、何度か顔を合わせるでしょう。われわれは、威厳と敬意をもってたがいに接することにしようじゃありませんか」

ヴォートランの言っていることは、自分はコランタンのいる政治警察すなわちフランス王国内務省一般警察部ではなく、司法警察すなわち警視庁の保安部に勤めることにしたということである。警視庁、しかもその秘密警察である保安部であれば、いかにコランタンの権力が大きくとも、手だしはできない。ヴォートランは、この宿命の対立を利用したのである。

じつは、ヴォートランは、ひそかに、自殺したリュシアン・ド・リュバンプレの仇をうつために、この選択を行なったのだ。いっぽう、コランタンはというと、ペイラードを殺し、ペイラードの娘を強姦して発狂させたヴォートランを許さず、こちらも復讐の機会をねらっていたのである。

だが、結局、両者の宿命の対決は起こらず、ヴォートランは十五年間、パリ警視庁保安部の部長をつとめあげ、一八四五年に隠退したのである。本当の大悪党は案外、畳の上で死ぬものなのかもしれない。

20　警察物語3

憲兵。

この言葉で、日本人は何を思い浮かべるのだろうか？　われわれの世代だと、当然、大杉栄や小林多喜二を拷問で殺した戦前のあの忌わしい思想警察のことを最初に連想する。ちなみに、憲兵を辞書で引くと次のように出ている。

「軍隊内の秩序維持を主任務とする兵隊。日本では一八八一年（明治一四）憲兵条例により設置された犯罪捜査・軍紀維持・思想取り締まりにあったが、次第に権限を拡大し、公安対策、思想弾圧・防諜などにも強い権力をふるった」（『大辞林』）

つまり、日本では、最初、軍隊内警察として設けられたものが、次第に軍隊の外にも権能を拡大して、思想警察の役割を帯びるようになったというわけである。

次に思い浮かべるイメージは、進駐軍とともに日本にやってきたあの白いヘルメットの米軍のＭＰ（ミリタリー・ポリス）である。これはその名の通り、進駐軍内部の警察のはずだったが、実際にはマッカーサー司令部直属の警察組織として、戦犯の逮捕や横流し組織の摘発など日本人の生活にもかなり介入していたと記憶する。

いずれにしろ、憲兵というのは、原則的には軍隊内部の警察だが、ある特定の領域（思想や防諜）においては市民生活にも関与する兵隊であるということだ。

ところが、フランス、とりわけ田舎に行って、通例、憲兵と訳されている《gendarme》に接すると、日本語の憲兵とはかなり様相を異にしていることがわかってくる。「憲兵」という訳語ではなく、むしろ「駐在さん」のほうが正しいのではないかという印象を受ける。事実、田舎でなにかのアクシデント、たとえば交通事故や盗難事故に会うと、出てくるのは決まってこの gendarme であり、われわれが出頭しなければならないのは gendarmerie である。

最初、こちらの頭には、gendarme＝憲兵という訳語がインプットされているので、その憲兵がたくさんいる憲兵隊とは、なんと恐ろしい場所に行かなければならないんだと恐怖を感じたが、そのうち、だんだんなれてきて、ようするに、gendarme というのは田舎の巡査であり、gendarmerie とは派出所なのだと合点がいった。

そのつもりで、メグレ警部もの（ちなみにメグレは警視 commissaire）などの小説を読んでみると、たしかに地方、なかでも農村部の事件が主題のときには、必ず第一発見者は gendarmerie に通報し、gendarme が自転車に乗って駆けつけるというような描写が多い。映画を見ていても、舞台が地方の場合は、字幕では「警察」「警官」と訳されていても、よく聞くと gendarme、gendarmerie という言葉が使われている。

そして、これは現代のことにかぎらず、十九世紀からそうなのである。『フランス人の自画像』の「巡査 sergent de ville」の項で、アルマン・デュランタンはこう書いている。

「パリにおける sergent de ville とは、田舎における gendarme に等しい。それは、平穏なる市民の摂理であり、犯罪者の脅威である」

譬え方が逆なんじゃないかという人もいるかもしれないが、じつは、これでいいのである。なぜかというと、パリにおける sergent de ville よりも、田舎における gendarme のほうがはるかに歴史が古く、親しまれていたからだ。いいかえれば、地方では、治安維持や犯罪人の逮捕などの仕事は、もっぱら gendarme が受け持っていたのである。

＊

前々章で gendarmerie の起源は、元帥隊にあると書いたが、より正確には、一五三六年にできた Prévôts des Maréchaux に遡る。これは強いて訳せば「元帥長官部隊」とでもなる組織で、中世のころから軍隊内部の治安維持を行なっていた。つまり語の正しき意味での憲兵隊だったのである。
この組織が民間にも権能を拡大するようになったのはフランソワ一世の時代からである。すなわち、それまで地方の治安維持は地方領主の兵士が受け持っていたが、地域によって警備にばらつきがありすぎるので、フランソワ一世は、主要街道筋の警備のために、この「元帥長官部隊」を使うことを決め、一五三六年王令を発した。これによって、憲兵隊だった組織が地方の民間の治安も担当するようになったのである。しかし、この「元帥長官部隊」は単に治安維持ばかりでなく逮捕・処刑にまでその権能を広げ、地方の司法組織と対立するようになったので、ルイ十四世は一六七〇年の王令で、地方の司法組織の優越を認め、「元帥長官部隊」はこれに従うように命じた。

しかし、組織としては、「元帥長官部隊」はルイ十四世がパリと地方に「警察長官 lieutenant général de Police」をおいたあとも、まったく手付かずで残った。なぜかというと、地方の警察長官の管轄領域は、あくまで地方の都市部に限定され、おまけに実働部隊をあまり持たなかったからである。「元帥長官部隊」はこの地方の警察長官の実働部隊としても力を貸したが、主なる任務は、農村部の秩序維持と、国道・国境の警備、及び囚人の護送だった。

「元帥長官部隊」は一七二〇年に「元帥隊 Maréchaussée」と改名し、革命後の一七九一年からは「国家憲兵隊 Gendarmerie nationale」と名をあらため、以後、nationale（国家）の部分が、体制によって royale（王国）、impériale（帝国）と変わっても、Gendarmerie の方は変化せずに今日に至っている。変わらないのはその権能も同じである。つまり、第一に軍隊内部の秩序維持と国境警備、第二に国道・県道と農村部を中心とする警察活動、第三に囚人や犯人の護送、第四に地方警察やパリ警察庁では手に負えない事件が起きたときに増援部隊を派遣することである。

＊

では、十九世紀のいくつかの作品にあたって、この gendarme、gendarmerie の登場する場面を拾い、その仕事の内容を具体的に見てみよう。

ひとつはバルザックの『現代史の裏面』からで、一八〇九年に起こった公金運搬中の郵便馬車を狙った王党派の強奪事件の描写である。

「馬車を護衛する憲兵〔gendarme〕はただ一人で、ドンヌリーで朝食をとることになっていた。〔…〕幸い弾丸には当たらなかった憲兵はサーベルを引き抜き、馬車が進んだと思われる方向へ駆け出した。四人の男が銃をかまえて射撃し、彼を阻止した。〔…〕最前の叫びと銃声はドンヌリーまで響き渡った。そこに駐在の憲兵班長〔brigadier〕が憲兵一名と駆けつけた」（『現代史の裏面』水野亮訳、東京創元社）

ここからわかる事実は、二つである。一つは憲兵の任務が現金輸送の郵便馬車や乗合馬車の護送をすることにあった点である。鉄道普及以前には、馬車強盗が多かったので、現金や貴重品、それに要人の乗る馬車には絶対に武器を携えた護衛が必要だった。憲兵の存在は欠かせなかったのである。もっとも、憲兵は通常の場合、サーベルしか着用していなかったので、この『現代史の裏面』のように銃をもった野盗には歯が立たなかったようである。

もうひとつは、ドンヌリーのような小さな村にも憲兵の小隊が駐在していたことである。つまり、農村部には、かなりの率で憲兵隊がおかれていたことがわかる。

憲兵は現金輸送ばかりでなく囚人護送馬車の警備も行なう。もちろん、囚人の脱走を防ぎ、仲間が奪還を狙うのを阻止するためである。『レ・ミゼラブル』には、コゼットを連れたジャン・ヴァルジャンがパリからトゥーロンに向かう徒刑囚護送馬車の列を見て、自分の過去を思いだし、愕然とする

憲　兵

場面があるが、ここにも憲兵が登場している。

「それらの馬車は道の真ん中を進んできた。両側にむさくるしい格好の護衛兵が二列の人垣をつくって歩いていた。［…］隊の前とうしろに、数人の騎馬憲兵〔gendarmes à cheval〕が、サーベルを握っていかめしく行進していた」（佐藤朔訳、前掲書）

この囚人護送は憲兵の重要な職務で、地方や国道沿いに限らず、パリ市内でも、サラダかごとよばれる囚人護送車には騎馬憲兵が付き添っていた。

「このサラダかごという異名は、初めのころ車の四方が格子窓になっていて、囚人たちは、サラダ菜のようにもまれなければならなかったからだ。万一のことが起こるといけないので、より安全を期して、騎馬憲兵がつきそうことになっていた」（『浮かれ女盛衰記』寺田透訳、前掲書）

憲兵は、たんに囚人ばかりか、出所してきた元徒刑囚の監視も行なう。『レ・ミゼラブル』では、トゥーロンの徒刑場から十九年の刑期を終えて出てきたジャン・ヴァルジャンがディーニュの町に到着すると、さっそく、憲兵が彼に目をつける。

「ポワシュヴェール通りの角まで来て、彼は左に曲がって、市役所の方へ行った。そこに入ると、十五分ばかりで、出てきた。一人の憲兵が門のそばのベンチに腰かけていた。［…］男は鳥打ち帽を脱いで、憲兵に腰をかがめてお辞儀した。

憲兵は挨拶も返さず、彼を注意深くながめ、しばらく見送っていたが、それから市役所の建物に入った」（前掲書）

この引用は、新しい町に入るごとに元徒刑囚の黄色いパスポートを提示することを義務づけられているジャン・ヴァルジャンが、そのために市役所に入ったところである。それを憲兵が見ていて、危険人物あらわると町の旅館に触れてまわったのである。

すべての旅館で断られたジャン・ヴァルジャンはミリエル司教の家で泊めてもらうが、翌朝、銀の食器を持って逃げだしてしまう。そのジャン・ヴァルジャンを逮捕してミリエル司教の家に連行してくるのも憲兵隊である。

これらの一節は、ディーニュ程度の規模の町でも、警備は地方警察ではなく憲兵隊が受け持っていることを教えてくれる。

ところでいまパスポートのことが話に出たが、当時は、国内旅行も国外旅行とまったく変わらず、住居のある町を一歩出ればパスポートが必要だった。そのため、地方で、すこしでも怪しい人物をみかけたら、このパスポートの検査をするのが、憲兵の主要な仕事だった。

「憲兵があなたにパスポートを要求するとき、彼は小声で、へりくだって、帽子を手にもって頼むだろう。それは彼の義務なのだ。純粋な形式なのである。第一、彼はほとんどそれに視線を投じない。彼はあなたを信用している。すぐに返してくれるだろう」(『フランス人の自画像』所収、エドゥアール・ウルラック「憲兵」)

地方の町に駐在する憲兵隊は、また、中央、すなわち内務省の一般警察部、ないしはパリ警視庁などから派遣されてきた警視や刑事部長 officier de paix などの指揮の元に、犯人逮捕のための小隊を組織することもある。
「マランより一足先にトロワに向けて出発したコランタンは、そこの憲兵隊長〔commandant de la gendarmerie〕と打ち合わせたうえ、物わかりのよさそうな人数を選りすぐり、なお腕っこきの大尉〔capitaine〕をその頭にそえた」（バルザック『暗黒事件』水野亮訳、東京創元社）
じつは、こうした司法警察ないしは政治警察と憲兵隊との協力は、巡査の絶対数が少なかった当時には、パリでも頻繁に行なわれていた。とりわけ、犯人逮捕や容疑者連行のさいには、犯人や容疑者が抵抗する恐れがあるので、サーベルをさげた憲兵が必ず動員された。
これは、逆にいうと、憲兵が警視なり刑事部長に同行してきているときには、それは逮捕か連行のためであることを意味する。『ペール・ゴリオ』の中で、ヴォートランことジャック・コランが警視庁公安部長のビビ・リュパンに逮捕される場面でも、それがはっきりと示されている。
「ジャック・コランが窓と壁に視線を走らせ、機械的に逃げ口をさがしているあいだに、四人の男がサロンの入口に姿をあらわした。最初の一人は公安部長で、他の三人は刑事部長だった。〔…〕刑事部長たちについてきた二人の憲兵がサロンへの入口を固め、他の二人の憲兵が階段に通じる出口を抑えていた」（拙訳、前掲書）
バルザックは、また『浮かれ女盛衰記』の中で、逮捕・連行のさいに憲兵が同行するという習慣をうまく使って、ジャック・コラン（ヴォートラン）がペイラードを罠にかける場面を描いている。というのも、ジャック・コランは、仲間を憲兵に仕立てて、ペイラードをまんまと誘拐することに成功するからだ。
「《ペイラードさん》と憲兵はインド帰りのイギリス人に言葉をかけ、耳元でささやいた。《あなたを警視庁まで連行するよう命令を受けております》。ペイラードはすこしも抗議せずに立ち上がると、帽子を探した」（前掲書）

＊

さて、以上で憲兵と憲兵隊のことはおおよそ理解できたかと思うが、しかし、そうすると、警視や刑事部長の下で働いているはずのパリ警視庁の「巡査 sergent de ville」はなにをしていたのかという疑問がわいてくる。というのも、小説には逮捕・連行の場面ばかりが多く、必然的に憲兵はよく登場するのだが、パリの巡査というのはあまりお目にかからないからだ。

それもそのはず、巡査は、もっぱら市内のパトロールに従事していたのである。

この「巡査 sergent de ville」という下位の役職がパリ警視庁に誕生したのは一八二九年のこと。警視総監のベレームが街をパトロールする警官は制服のほうが犯罪防止に役立つと考えて、制服警官という制度を創設したのである。この巡査は警視庁の本局のパリ市警に属し、同じく制服組の刑事部長の下でパトロールと犯罪の取り締まりに当たった。一八三〇年には、刑事部長と巡査の間に、「巡査部長 brigadier」と「巡査部長補 sous-brigadier」という階級が生まれた。一八三二年から、警視総監の座についた悪名高いジスケは、退役した下士官などを雇い入れて、これらの役職の増員につとめ、暴動などの公安事件弾圧の前衛部隊に仕立てあげてしまった。この巡査の公安部隊化についてジャーナリストのアルマン・デュランタンはこう書いている。

「ロンドンのポリスマンの警棒は市民を守るのにしか使われない。ところがパリの巡査のサーベルはしばしば暴動のさいにフランス人の血で赤く染まる。［…］歴代警視総監の最大の誤りは巡査を暴動鎮圧につかってしまったことである」（ジョルジュ・カロ『フランス警察の歴史』に引用）

その結果、一八四八年に二月革命が起きると、民衆の憎悪の的になっていた巡査と巡査部長は廃止され、公衆の安全を図るGardiens de Parisという組織に変えられたが、二月革命が挫折すると、結局、元の名称にもどされてしまう。かくして、一八五〇年には、パリ市警察は、二十五人の刑事部長、四十人の巡査部長、六十人の巡査部長補、それに七五〇人の「私服刑事inspecteur」および制服の巡査の体制となる。

この体制は一八七〇年の第二帝政崩壊まで続くが、第三共和政が始まると、ふたたびsergent de villeは廃されて、以後、Gardiens de la paix publiqueとなり、結局、この名称が現在まで続いているのである。

＊

さて、三章にわたって、フランスの警察について記述してきたが、最後にもう一度整理してみよう。時代の基準は王政復古から一八四八年の二月革命のころまでとする。

まず一番わかりやすいところから行って、地方の警察組織を見ると、これは人口が五〇〇〇人以下の都市および農村では、すべて憲兵隊の管轄となる。

人口五〇〇〇人以上一〇万人以下の都市では、内務大臣に属する県知事及び市長の配下にある「都市警察署長 commissaire de police municipale」が治安維持を担当する。一〇万人以上の大都市では、「広域警察署長 commissaire générale de police municipale」と名称が変わる。実働部隊は刑事と巡査だが、少し大きい事件のときには、憲兵隊の応援をたのむ。

問題はパリである。というのもパリは、ナポレオンが作ったパリ警視庁と、フーシェが作った警察省の流れを汲む内務省一般警察部が、それぞれ独自の組織と人員をもって、ときに暗闘を繰り返しているからである。

まず警視庁だが、これは大きく組織を三つに分けて考えるとわかりやすい。ひとつは四十八の街区に置かれた警察署 commissariat とその「署長 commissaire de police」。これは巡査や刑事を従えて地域の秩序維持に当たる。もうひとつは、警視庁の本局の組織で通称パリ市警と呼ばれるもので刑事部長以下の組織がこれに当たる。第三は、監獄、尋問、それに保安を担当する部局で、ヴォートラン、ビビ・リュパン、それにヴィドックなどのいる秘密警察はこの中の保安部に属する。バルザックの時代までは、パリ市警の実働部隊は弱体だったので、犯人逮捕や連行のときには憲兵隊の力を借りている。

いっぽう、司法警察である警視庁に対して、政治警察とも呼ばれるのは、一八一八年までの警察省、それ以後の内務省一般警察部である。これは国家的な陰謀や外国のスパイの摘発や行政警察などを担当する。コランタンとペイラードはこちらの政治警察の一員である。ただし、この政治警察は実働部隊をほとんど持たないので、なにかあるときには、パリ駐屯の憲兵隊を動員することになっている。

しかし、それにしても、同じような職制が時代によって別の言い方で呼ばれることが多いので、とても一筋縄ではいかない。それでも、警察の組織図が頭に入っているのといないのとでは、バルザックやユゴーの理解も少しは変わってくるかもしれない。三回の警察物語が多少は読者のお役に立てたものと期待しよう。

21 あわれ彼女は娼婦

過日、サル学の本を読んでいたら、ヒトにもっとも近いボノボ（ピグミーチンパンジー）のメスは売春して、オスから餌を手に入れるとあった。とすると、売春は、人類最古の職業というよりも、人類よりも古い職業ということになる。ならば『職業別 パリ風俗』と銘うった本書でも、娼婦という職業を取りあげないわけにはいかないだろう。

一般に、十九世紀の娼婦というものは次の四つのクラスに分けることができる。

（1）クルティザンヌ courtisane あるいはドゥミ・モンデンヌ demi-mondaine と呼ばれる高級娼婦
（2）「番号もち娼婦」と呼ばれる公認娼家の公娼
（3）「鑑札もち娼婦」と呼ばれる自家営業の公娼
（4）登録をしていない私娼

このうち、（1）と（4）は警察の娼婦リストに登録していない非合法の私娼。（2）と（3）は登録している公娼である。公娼制度は、梅毒の蔓延に危機感を抱いた公衆衛生学者が、娼婦を一定の場所に閉じ込め、医者の検診を義務づけるために施行した制度で、王政復古の時期に始められ、一九四六年に廃止されるまで続いた。娼婦として営業しようと考える女性は、パリなら警視庁第一部第二課に出頭して健康診断を受け、リストに登録しなければならない。「営業」は公認の娼家でしてもいいし、自家営業でもかまわないが、もし無登録で営業している場合は逮捕されて強制的にリストに乗せられる。

ただし、この公娼登録に関係するのは（2）から（4）までで、（1）の高級娼婦はこれを超越している。なぜなら、高級娼婦というのは、たしかに金銭と引き換えに快楽を提供するのだが、客を選ぶ権利は、娼婦のほうにあるからだ。つまり、女はあくまで自由意志で行動し、男が「勝手に」金を払うという形を取る。いいかえれば、高級娼婦というのは、より高く自分に値段をつけてくれた男を選ぶ「権利」をもつという点で、今日の芸能タレントや水商売の女性と同じ行動原理に貫かれているのである。

したがって、（1）から（4）までヒエラルキーを成しているとはいえ、この業界は、他の職業にはないひとつの特徴をもっていることになる。すなわち、各階層間の移動は、もっぱら下りエレベーターのみで、上りのエレベーターは用意されていないということである。『フランス人の自画像』で「名のない女（娼婦）」の項目を担当したタクシル・ドゥロールのいうように、若いころに嬌名を謳われた高級娼婦が歳とともに器量が落ちて娼家の公娼となり、さらに落ちぶれて街娼となるというケースは多いが、その反対に、私娼ないしは公娼としてスタートした娘が幸運をつかんで高級娼婦にステップ・アップすることはきわめてまれなのである。より正確にいえば、（4）↓（3）↓（2）までは有り得るが、その上の（1）になるには、大きな障害が用意されている。なぜかというと、高級娼婦になるためには、公娼という形で「汚れ」がついた娘であってはならないという不文律があるからだ。高級娼婦になりたければ、初めから高級娼婦としてスタートしなければならない。高級娼婦とそれ以外の娼婦を隔てる壁は、今日のわれわれが想像する以上にはるかに大きかったのである。

このように、高級娼婦というのはまことに不思議な存在で、なろうと思ってなれるという類いの職業ではない。それは、いってみれば、今日の女性タレントが玉の輿結婚をするのに似て、かなり不確定の要素を含んでいる。すなわち、同じような美貌とエスプリ（高級娼婦にはこれは不可欠）をもった娘がいたとして、一人は高級娼婦に、一人は公娼に、という具合に、最初にどちらのコースに入るかで運不運が分かれてしまうのである。現代におきかえていえば、ともに名声と金に憧れながら、片方はアイドルタレントとして拾われたがゆえに青年実業家や歯科医と結婚することができるが、もう片方はAV女優としてデビューしてしまったがために、玉の輿にも乗れず、風俗関係に転身するほかない、といったようなものである。

＊

では、高級娼婦と公娼の別れ道はどこにあるのか？　じつは、これがどうもはっきりしていないのだ。というのも、出身階層はどちらもほぼ同じで、下層階級か下層中産階級、そしてどちらも欠損家庭の子供というケースが多く、高級娼婦への道をたどり始めたのも親の欲がからんでいることがほとんどだが、それでも、どこをどうたどれば高級娼婦になることができるのか、その筋道があきらかではないのである。
たとえば、『感情教育』に登場する高級娼婦ロザネットを例にとっても、キャリア・アップの過程は明確ではない。

「彼女は溜息をつき、子供時代のことを話しだした。両親はクロワ＝ルスの絹布織工だった。彼女は父親の下働きをして手伝っていた。この哀れなおやじさんがいくら骨身を削って働いても無駄なことで、母親のほうは彼を罵り、なにもかも売りとばして、飲みに行ってしまうのである。〔…〕そのうちひとりの紳士が訪ねてきた。肥った男で、黄楊の木のような色をした顔、信心深そうな立ち居振舞い、黒服を着ている。母親とその男はひそひそ話をする。そして三日後に……」（前掲書）

ようするに、ロザネットの場合は母親によって売られて囲い者にされてしまったのである。その後、フレデリックが聞き出したところでは、「店の売り子」をやったり、女優になる勉強をしたりしていたらしいが詳しいことはわからない。そこでフレデリックはこう自問する。

「女が口にしなかったことのほうがフレデリックの気にかかった。どういう段階を経て、みじめな境遇から抜け出せたのだろう？　どの情人のおかげで教育を受けられたのだろう？　はじめて自分が彼女を訪ねた日まで、その半生にはどういうことがあったのだろうか？」（同書）

この一文ははなはだ興味深い。というのも、当時の人間にとっても、高級娼婦がいかにして高級娼婦になるかは謎だったからである。ただ、それでも、ロザネットのケースからひとつだけわかるのは、高級娼婦になるには、公娼というはっきりとした身分を選んではいけないということだ。それなら、いっそ（4）の私娼のままでいて匿名性のうちに身を隠すか、あるいは囲い者というあいまいなポジションを選んだほうがいいということになる。とくに、後者の場合、パトロンを取り替えているうちに運が開けるケースがしばしばある。

それは、十九世紀の高級娼婦の中の高級娼婦、デュマ・フィスの『椿姫』のモデルとなったマリー・デュプレシスのキャリアをみるとよりあきらかになる。高級娼婦になるには、公娼からスタートするのではなく、囲い者としてキャリアを始めたほうがいいのだ。

＊

マリー・デュプレシスの伝記『よみがえる椿姫』を書いたミシュリーヌ・ブーデによれば、マリー・デュプレシスも多くの高級娼婦と同じように、地方の下層中産階級に属する行商人の娘として生まれている。父は飲んだくれの暴力亭主だったので、母は二人の娘をつれて家を出たがまもなく病気で死んでしまう。父親は娘を引き取るが、その美しさが金を生むことに気づき、自らそれを楽しんだあと、親類の八百屋に、下働き兼おめかけとして売りとばす。たいていの娘はここらで運がつきるのだが、マリー・デュプレシスは、幸運なことにうまくそこを抜け出すことができ、再び女工として働いているうちに、レストランの主に拾われて、囲われ者にされる。これが高級娼婦として浮上するきっかけとなる。レストランの主人はたいした金持ちではなかったが、マリーは、それなりに着飾ることができたので、ダンスホールで男たちの視線をひきつけるようになる。その中の一人にグラモン公爵の息子アジェノール・ギッシュがいた。ギッシュは当時「ライオン」と呼ばれたダンディーの一人で、名うての遊び人だったが、そんなダンディーがほれ込んだということで、だれもがマリーに注目する。ギッシュが劇場のボックス席にマリーを連れていくと、デュマ、ゴーチエ、ジャナンなどの文学者が彼女をこぞって賛嘆し、ジャーナリズムでも評判になる。やがて、ギッシュの手を離れたマリーは、自家営業の高級娼婦として、月に二十八日は営業可能を示す白い椿、あとの三日は営業不可を示す赤い椿をドレスにさして、社交界の男たちを手玉にとるようになるのである（『椿姫』では白椿が二十五日、赤椿が五日）。

このマリー・デュプレシスのキャリアから導き出される「成り上がり」の重要なポイントは二つある。一つは上流人士が出入りする環境を与えてくれるようなパトロンを見つけたこと。第二はこの上流人士のパトロンを踏み台にして一流の劇場のボックス席、ブローニュの森、上流のサロンに顔を出し、そこでさらに別のパトロンに見初められた点である。

難しいのは、このうちの最初の段階をクリアーすることだ。すなわち、パトロンからパトロンにわたり歩いてキャリア・アップを図るにも、いわば、プチブル的環境からブルジョワ的環境へと橋渡しをしてくれるような「過渡的」パトロンを見つけないかぎり、階級上昇の道はないということである。

そして、それはたんに金銭的、階級的な面ばかりでなく、精神的な面についてもいえる。すなわち、ロザネットについて、フレデリックもいっているように、肉体だけでなく精神にも磨きをかけ、教養とエスプリを身につけさせてくれるようなパトロンに巡りあわないかぎり、高級娼婦には永久になれ

娼　婦

ないということである。なぜなら、上流社会の男を相手にする高級娼婦ともなれば、読み書きはもちろんのこと、文学、音楽、美術、ファッションなどに洗練された趣味をもたなければならないからだ。『ナナ』や『椿姫』を読めばわかるように、高級娼婦ともなると、一日の行動パターンは上流の貴婦人とほとんど変わらない。というよりも、付き合って面白いからこそ、紳士たちは社交界の貴婦人よりも高級娼婦を選ぶのである。

そんなわけで、この最初の段階をクリアーできて、第二段階に進めれば、高級娼婦への道は大きく開けることになる。なぜなら、上流社会では、他人のほしがるものを欲するというルネ・ジラールのいう「欲望の三角形」の法則が支配しているからである。ダンディーに連れられてオペラ座のボックス席に顔を出せば、パトロン・マーケットのオークションにかけられたようなもので、値段が競り上がることはまちがいない。

＊

以上は高級娼婦へと至る表街道だが、もう一つ、いわばバイパスのような裏街道が存在している。それは、同じ劇場でも、客席ではなく、ステージのほうに顔を出すこと、つまり女優になったり、踊り子になったりして、上流人士の目に自分をさらし、より高い値段をつけてもらうのである。

たとえば、ゾラの『ナナ』の同名の主人公は、高級娼婦としてすでに営業中なのに、さらなるキャリア・アップを狙って、肉襦袢で舞台に立って己の肉体をさらけ出し、パトロン希望者を募る。こうした高級娼婦の舞台出演ということは七月王政から第二帝政にかけてはかなり頻繁にあったようで、ユゴーの愛人となったジュリエット・ドルーエなども、高級娼婦から女優に転じようとして失敗しているし、パイーヴァ、ローラ・モンテスなどの有名な高級娼婦も何度か舞台をふんでいる。『ナナ』の中でヴァリエテ座の支配人ボルドナヴは、こうした現実を踏まえてか、自分の劇場について「私の淫売屋と言ってもらいたいですな」といっている。

また、端役女優が高級娼婦になるというケースも当然ながら非常に多い。というよりも、オペラ座の踊り子や女優の卵としてデビューする娘のほとんどは始めから高級娼婦を目指しているといってもいいすぎではないのだ。

「女優の卵、踊り子」の項目で述べたように、年端の行かない娘が自分でその職業を目指すことはきわめて少ない。たいていの場合、娘の器量を見込んだ母親が、オペラ座付属のバレリーナ養成学校やコンセルヴァトワールに娘を入学させ、劇場支配人や演出家、あるいは原作者などを何らかの手段で籠絡して役を貰い、初舞台を踏ませる。パトロン希望者はまだだれも手をつけていない娘を狙うことが多いので、初舞台はそのまま高級娼婦への初舞台ともなる。なかには、青田刈りで、初舞台の前の練習中に交渉を持ちかけるパトロン希望者もいる。

そんなパトロン志願者が現われたら、女優や踊り子の母親はできるかぎり巧みに立ち回って有利な条件を引き出し、娘の譲渡契約書にサインするのである。このあたりは、アイドル・タレントの母親ときわめてよく似ている。『パリと娼婦たち一八三〇―一九三〇』(原題『娼婦の日常生活一八三〇―一九三〇』)のロール・アドレルも、「警察の風評によると、女優の母親たちは、自分から我が子の肉体を一番高値の買い手に売り渡し、時には、年端もゆかぬうちに売りとばしてしまうことも辞さなかったという」と書いている。いずれにしても、貧しい家庭に生まれた器量よしの娘は、いつの時代でも、母親が取り持ち婆の役割を演じるのである。

＊

では、こうした母親のいない女優はどうするのかというと、よくしたもので、そうした母親代わりをつとめようという女が現われるのである。たいていの場合、それは、女優や踊り子のところに小間物や化粧品を売りにくる婆さんである。この手の婆さんは、女優に小間物を売りつけたり、あるいは要らなくなった小間物の買い取りをするが、それと同時に金貸しもしている。女優は当然ながら、借りた金をくだらない遊興費に使ってしまうから返す当てがなくなる。すると、婆さんは、払わなくてもいい方法があるといって女優にパトロンを紹介するのである。バルザックが『パリの悪魔』に寄稿した「小間物売りの女あるいは一八四四年のマダム・ルスルス」によると、こうした婆さんは盛り場に小汚い古着小間物の店を出していて、そこでパトロン希望者を募っているという。ストックの中には、高級娼婦ばかりでなく、素人のブルジョワ婦人や貴族の奥方もいる。いずれも亭主にいえない借金のかたに身を売るのである。

同じくバルザックの『浮かれ女盛衰記』には、ヴォートランの手足となって働くヨーロッパとアジアという女が出てくるが、このアジアは典型的なこの小間物売りの婆さんで、エステルを銀行家のニュッシンゲンに売り込む仕事をヴォートランから託される。

「ヴォートランの命を受けたアジアは、恋に狂った男爵の前で、正体不明の美人のことならなんでも知らぬことはない老婆のふりを装った。これまで風俗の観察者は男の金貸しのことはたくさん取り上げてきたが、今日マダム・ルスルスと呼ばれている女の金貸しのことを描くのを忘れている。これは、このうえなく奇妙な人間で、《小間物売りの女》と称されているが、恐るべきアジアは、一軒はタンプル、もう一軒はヌーヴ＝サン＝マルク通りに店を構えるこの《小間物売りの女》に見事なりおおせていた」（前掲書）

ロール・アドレルによると、時代が進むにつれ、この小間物売りの婆さんは次第に姿を消し、それに代わって、社交界、というよりもデュマ・フィスの用語に従えば「半社交界」（ドゥミ＝モンド）の斡旋業という新しい職業が誕生する。

「ある程度の年配で、尊敬の念を抱かせる上流老婦人といった風貌である。女の困窮と男の欲望の懸け橋となって、彼女たちは、躊躇することなく、自宅まで提供して不倫の専門家となっていった。彼女たちは、豪華なアパルトマンと、アドレス帳と、顧客リストと、写真のアルバムを所有している」（アドレル『パリと娼婦たち一八三〇―一九三〇』高頭麻子訳、河出書房新社）

ゾラは、さすがに取材の作家だけあって、『ナナ』の中に、この娼婦斡旋業の貴婦人というのもしっかりと登場させている。

「背の高い、巻髪をした、まるで顧問弁護士を訪ねてきた伯爵夫人といった物腰の老婦人を、ゾエは案内してきた。［…］トリコン夫人は腰も下ろさず、短い言葉を交わしただけだった。

――今日、一人あるのだけれど……いかが？
――いいわ……いくら？
――二十ルイ（四〇〇フラン）。
――で、何時？
――三時……じゃ、いいわね？
――いいわ。

トリコンはすぐに天気の話に移り、空気が乾いているから外を歩くと気持ちがいいとか、まだこれから四、五人の人に会わなければならないとか話していた」（『ナナ』川口篤・古賀照一訳、前掲書）

ナナにはちゃんとしたパトロンがあって、住居費、食費、衣装代など一切合財面倒みてもらっているのだが、借金取りに払う金がなくなると、こうした形で「パートタイム」に出るのである。

ナナには、じつはもう一人、重要なマネージャー役がいる。女中のゾエである。ゾエはプライベートなことには一切口出ししないような態度をとりながら、巧みに主人を操縦して、きっちりと「仕事」の段取りをつける。

「――マダム、よくお考えになって、シュタイネルさんにはお会いなさいましよ、とゾエは主人がまた莫迦なことを仕出かしそうなのを見て腹を立て、身じろぎもせずに真剣な面持ちで言った。［…］ナナはゾエに扉を開けにゆくなと言った。だが、ゾエはそんな言葉に耳もかさず、もう台所から出て行って了った。そして、戻ってくると名刺を二枚差し出して、きっとなって言った。

――マダムはお目にかかられますとお返事しました。お二人とも客間にお通ししました」（同書）
どうして、天晴れなマネージャーぶりである。ゾエは、上客か否かを瞬時に見抜き、訪問客がかち合わないようにスケジュールを調節し、もしかち合ってしまった場合にはただちに別の部屋に案内するという機転を働かせる。ゾエがいなければナナはなにひとつできない。ときにはポケットマネーをゾエから借りることもある。そして、最後、ゾエは落ち目のナナを見捨てて、「事業」に乗り出す。つまり、それまでに培った経験と開拓したコネクションを生かして「娼館」の女主人として独立し、自分を使ってきた高級娼婦たちをあごでこき使う立場になるのである。
今日の芸能界でもそうだが、結局、最終的に儲かるのは、体を張っている当人ではなく、そのマネージメントをしている人間である。資本主義の「搾取」の原理はこんなところにも立派に貫徹しているのである。

参考書目

〔邦語文献〕――引用に当たっては以下の方々の翻訳を使用させていただいたが、一部拙訳で文意を補った個所があることをお断りしておきたい

文学作品

バルザック『ペール・ゴリオ』鹿島茂訳、藤原書店、1999年
『幻滅』生島遼一訳、バルザック全集第11巻、東京創元社、1959年
『あら皮』山内義雄・鈴木健郎訳、バルザック全集第3巻、東京創元社、1961年
『シャベール大佐』川口篤訳、バルザック全集第3巻、東京創元社、1961年
『浮かれ女盛衰記』寺田透訳、バルザック全集第13巻、東京創元社、1960年
『金色の眼の娘』田辺貞之助・古田幸男訳、バルザック全集第7巻、東京創元社、1960年
『フェラギュス』山田九朗訳、バルザック全集第7巻、東京創元社、1960年
『ウージェニー・グランデ』水野亮訳、バルザック全集第5巻、東京創元社、1962年
『暗黒事件』水野亮訳、バルザック全集第6巻、東京創元社、1959年
『現代史の裏面』水野亮訳、バルザック全集第5巻、東京創元社、1962年
『従兄ポンス』水野亮訳、バルザック全集第20巻、東京創元社、1960年

『従妹ベット』水野亮訳、バルザック全集第7巻、東京創元社、1960年
『役人の生理学』鹿島茂訳、新評論、1987年
フロベール『感情教育』山田𣝣訳、新集 世界の文学第14巻、中央公論社、1972年
『ボヴァリー夫人』山田𣝣訳、世界の文学第15巻、中央公論社、1972年
『ブヴァールとペキュシェ』新庄嘉章訳、フロベール全集5、筑摩書房、1966年
『初稿感情教育』平井照敏訳、フロベール全集6、筑摩書房、1967年
『純な心』山田𣝣訳、世界の文学第15巻、中央公論社、1972年
ミュッセ『フレデリックとベルヌレット』『ミミ・パンソン』朝比奈誼訳、世界文学全集18、筑摩書房、1967年
ユゴー『レ・ミゼラブル』佐藤朔訳、新潮文庫、1967年
ゾラ『ナナ』川口篤・古賀照一訳、新潮文庫、1967年
『大地』田辺貞之助訳、岩波文庫、1974年
モーパッサン「首かざり」(『モーパッサン短編集二』青柳瑞穂訳、所収)、新潮文庫、1975年
「役人」(バルザック『役人の生理学』鹿島茂編訳、所収)、新評論、1987年
ジュール・ヴァレス『ジャック・ヴァントラス』谷長茂訳、世界の文学第25巻、中央公論社、1970年
アルフォンス・ドーデ『プチ・ショーズ』原千代海訳、岩波文庫、1992年
アレクサンドル・デュマ・フィス『椿姫』新庄嘉章訳、世界文学全集第5巻、河出書房、1955年
セバスチャン・メルシエ『十八世紀パリ生活史——タブロー・ド・パリ』原宏訳、岩波文庫、1989年
ルイ・レイボー『帽子屋パチュロの冒険』高木勇訳、ユニテ、1997年

研究書（邦訳のあるもの）

ジャン＝アンリ・マルレ絵／ギョーム・ド・ヴェルティエ・ド・ソヴィニー文『タブロー・ド・パリ』鹿島茂訳、新評論、１９８４年

アラン・コルバン『娼婦』杉村和子監訳、藤原書店、１９９１年

ロール・アドレル『パリと娼婦たち　一八三〇－一九三〇』高頭麻子訳、河出書房新社、１９９２年

ミシュリーヌ・ブーデ『よみがえる椿姫』中山眞彦訳、白水社、１９９５年

『ミシュラン・グリーンガイド　ニューヨーク』実業之日本社、１９９６年

〔フランス語文献〕

研究書

Bernarad Briais : *Grandes Courtisanes du Second Empire*, Tallandier, 1981

Georges Carrot : *Histoire de la Police française*, Tallandier, 1992

Pierre Darmon : *La Vie Quotidienne du Médecin Parisien en 1900*, Hachette, 1988

Fanny Faÿ-Sallois : *Les Nourrices à Paris au XIXe Siècle*, Payot, 1980

Pierre Guiral et Guy Thuillier : *La Vie Quotidienne des Professeurs en France de 1870-1940*, Hachette, 1982

Jacques Léonard : *La Vie Quotidienne du Médecin de Province au XIXe Siècle*, Hachette, 1977

Anne Martin-Fugier : *La Place des Bonnes*, Grasset, 1979
Théodore Zeldin : *Histoire des Passions françaises 1848-1945*, 5 vols, Seuil, 1978

同時代の証言

Les Français peints par eux-mêmes Encyclopédie Morale du XIXe Siècle, 8 vols, Curmer, 1840-1842
Jules Janin : La Grisette, Émile de la Bédolierre : L'Étudiant en droit, Albéric Second : Le Débutant littéraire, Madame Ancelot : Une femme à la mode, Timon : La Cour d'assises, L. Couailhac : La Mère d'actrice, Comte de Courchamps : Les Duchesses, L. Roux : Le Médecin, Philibert Audebrand : La Figurante, Comte de Horace de Viel-Castel : Les Collectionneurs, Madame de Bawr : La Garde, Altaroche : L'Avoué, A. DeLacroix : La Maîtresse de table d'hôte, A. DeLacroix : La Femme de chambre, Taxile Delord : La Femme sans nom, L. Couailhac : L'Élève du Conservatoire, A. Achard : La Nourrice sur place, C. Rouget : La Femme de ménage, Eugène Nyon : Le Maître d'études, E. Briffault : Le Viveur, Éd. Ourliac : Le Gendarme, Old Nick : L'Avocat, Émile de la Bédolierre : Le Poète, H. de Balzac : Le Notaire, Elias Regnault : Le Maître de pension, A. Durantin : L'Agent de la rue Jérusalem, Jules Janin : Le Journaliste, H. de Balzac : Monographie du rentier, Henri Monnier : La Portière, A. DeLacroix : Le Flâneur, Albert de Circourt : La Maîtresse de maison, Théophile Gautier : Le Rat, Madame Foa : Le Fat, Émile de la Bédolierre : Le Pharmacien, A. Dufaï : Le Commissaire de Police, Fr. Soulié : Le Second Mari, Joseph Mainzer : Le Marchand d'habits, B. Maurice : Le Misère en habit noir, Roger de Beauvoir : Le Tailleur, A. Durantin : Sergent de ville
Le Diable à Paris, 2 vols, J. Hetzel, 1845-1846

H. de Balzac : Une Marchande à la toillette ou Madame Ressource en 1844
La Grande Ville, Nouveau Tableau de Paris, 2 vols, Bureau centre des Publications nouvelles, 1842
Paul de Koch : Le Bureau des Nourrices
: Les Grisettes au spectacle
: Les Tables d'hôte
Alexandtre Dumas : Filles, Lorettes, courtisanes
Les Cent et Un Robert-Macaire par M. H. Daumier, Musée Pour Rire, 2 vols, 1839
Louis Huart : Avocat, Avoué, Pharmacien, Maître de pension, Macaire et son tailleur
Louis Huart : *Physiologie du Tailleur*, Aubert, 1841
: *Physiologie de l'Étudiant*, Aubert, 1841
: *Physiologie du Flâneur*, Aubert, 1841
James Rouseau : *Physiologie de la Portière*, Aubert, 1841
G. Beleze : *Dictionnaire universel de la Vie Pratique à la ville et à la Campagne*, Hachette, 1862

あとがき

本書はひょんなきっかけから生まれた。

白水社の小山英俊さんから、今度、雑誌『ふらんす』の編集を担当することになったので、一年通して表紙に使えるような十九世紀の着色版画の連作を貸してもらえないかという話を受けたのが、三年ほど前の秋のこと。もちろんＯＫである旨を伝え、職業別の風俗観察百科『フランス人の自画像』の木口木版なら『ふらんす』にふさわしいのではないかとお見せしたところ、小山さんはおおいに気に入られ、ついでに表紙絵の解説になるような文を原稿用紙で二、三枚書いてはもらえないかと提案された。

私は二、三枚ならと気軽に引き受けたが、やってみるとその枚数ではとうてい意は尽くせないことがわかってきた。そこで、どうせなら、一回につき十八枚くらい書いて、まとまったところで一冊の本にしたらどうかと逆提案してみた。

というのも、そのころから、私はちょうど「バルザック《人間喜劇》セレクション」（藤原書店）

の責任編集者となって、第一回配本の『ペール・ゴリオ』を翻訳していたこともあり、十九世紀フランス小説に登場するような各種の職業の細部をもう一度調べ直す必要に迫られていたからである。

たとえば、バルザックの《人間喜劇》に頻出する弁護士と代訴人と公証人は、職域や権能がどうちがうのか、またそのうちでどれがもっとも実入りがいいのかとか、あるいは、同じ年金生活者でも、『ペール・ゴリオ』のポワレとゴリオはどこがどうちがうのかとか、『椿姫』や『感情教育』に出てくるような裏社交界の高級娼婦にはどうやってなるのかとか、『ボヴァリー夫人』で医者が没落して薬剤師が栄えるのはなぜかとか、ようするに、当時の職業・身分の細部に通じていないとわからないような問題である。

これらは、ただ字面だけを翻訳していくならとくに支障は起きないが、いざ内容にまで踏み込んで理解しようとすると案外むずかしい問いだった。というのも、国債の利子で暮らす利子（年金）生活者や法廷では弁護活動をしない代訴人、自営業としての高級娼婦など、日本にはあまり事例がないために、観念を持つことさえ難しい職業・身分が多かったからである。

しかし、よくわからないと嘆いてばかりいたのでは、いつまでたっても理解は進まない。だれか詳しい人が書いてくれればそれでいいのだが、どうもそういう奇特な人は現われないようである。こうなったら、自分で書いてしまうほかない。

というわけで、今回も、『馬車が買いたい！』のときと同じように、注をつけるためにこういう本がほしいと思うような本を自分で書くことになった。いいかえれば、一冊まるごと注のような本である。この種の「注が主体であるような本」として、本書は『馬車が買いたい！』の続編に当たる。

思えば、『馬車が買いたい！』のもとになる連載を『ふらんす』で始めたのが一九八六年の四月号。連載終了が一九八七年三月号。それから十年たって、一九九七年の四月号からふたたび『ふらんす』で「パリジャンの自画像」を二十一回にわたって連載し、こうして本になったわけだが、単著としてはこれが二十冊目に当たる。この区切りのいい本を、同じ白水社から出すことができて幸せである。

単行本にするに当たっては、連載のときと同様、白水社編集部の小山英俊さんにお世話になった。この場を借りて、感謝の気持ちを伝えたい。

一九九九年五月二十八日

鹿島　茂

Uブックス版あとがき

このたび、白水社のUブックスに本書が入ることになった。初版は一九九九年、新装版として復刊されたのが二〇一二年だが、いずれも現在は品切れで流通していない。元本は三四〇〇円もしたので、Uブックスというリーダブルで廉価な本として再生したことは欣快に耐えない。

というのも、今回、ゲラで読み返してみて、自分でいうのも変だが、じつに役に立つ本であると感じたからだ。とくに翻訳家や、西洋歴史小説を書こうとする人には有用なトリヴィアルな知識がつまっていると思う。

といっても、それはあくまで副次的な結果にすぎず、本書は、本来、高校生のときの私のような、フランス文学を読んでいて職業に関して素朴な疑問を感じた読者のために書かれている。したがって、フランス文学の初読の読者よりも二度目、三度目の読書を目指す読者にとってこそ、本書は有益であるはずだ。

今にして思えば、やはり『ペール・ゴリオ』を翻訳していたのと執筆時期が重なっていたことが大きかったのだろう。「疑問を疑問のまま放置しておくわけにはいかない」という翻訳家としての職業倫理が働き、調べるのだったら徹底的に調べるしかないと感じていたからである。

ちなみに、翻訳にはもう一つ、地理的（場所的）な知識が不可欠だが、こちらに関しては『失われたパリの復元　バルザックの時代の街を歩く』（新潮社、二〇一七年刊）を参照していただきたい。バルザックやフロベールを読むために不可欠なオスマン以前のパリのトポグラフィックな知識を仕込むには最適な本だと自負しているからだ。これにさらに『馬車が買いたい！』（白水社、一九九〇年刊）が加われば、十九世紀のパリに関する「一冊まるごと注のような本」三部作が完成する。辞書代わりに使っていただければ幸いである。

Uブックスに入るに当たって、白水社編集部の鈴木美登里さんにお世話になった。この場を借りて感謝の言葉を伝えたい。

二〇二〇年三月二十二日

鹿島　茂

本書は、1999 年に単行本として小社から刊行され、2012 年に新装版として復刊された。

白水 u ブックス　1134

職業別　パリ風俗

著　者 © 鹿島《かしま》 茂《しげる》
発行者　及川直志
発行所　株式会社 白水社
東京都千代田区神田小川町 3-24
振替　00190-5-33228　〒 101-0052
電話　(03) 3291-7811 (営業部)
(03) 3291-7821 (編集部)
www.hakusuisha.co.jp

2020 年 4 月 10 日　印刷
2020 年 4 月 30 日　発行
本文印刷　株式会社理想社
表紙印刷　クリエイティブ弥那
製　　本　加瀬製本
Printed in Japan

ISBN978-4-560-72134-6

乱丁・落丁本は送料小社負担にてお取り替えいたします。

白水uブックス